作者介绍
Author Introduction

- 弈小象创始人
- 国家棋协大师

兰宇

  2003 年获得全国青少年象棋赛冠军；2008 年获得南开大学高水平运动员称号，被保送南开大学商学院；2015 年获得澳大利亚阿德莱德大学金融学硕士学位。

  2018 年创办弈小象在线棋类教育，影响 30 万家庭完成棋类启蒙，并和南开大学智能计算系统团队合作开发了棋类现象级 App，结合科技力量帮助喜欢下棋的孩子。2020 年所创企业被评为北京市中关村国家自主创新示范区雏鹰人才企业。2021 年被政府评为优秀留学回国人才。

  2023 年被南开大学商学院聘为职业发展导师。同期走进南开大学，共建棋类人才基地，为国内棋类行业培养储备优秀的棋类老师。目前弈小象已经成为互联网棋类行业头部品牌、抖音官方兴趣领学官。

南开大学电子信息与光学工程学院聘书

"中银杯"第八届天津青年创新创业
大赛暨"创青春"中国青年创新创业
大赛天津赛区赛中荣获铜奖

获聘南开大学商学院学生职业发展导师

作者荣誉
Author Honors

2023年，南开大学北京校友会迎新工作会议，分享主题："感受南开的力量，不断创新，回报社会"

2023年，南开大学商学院致聘仪式，授予"南开大学商学院学生职业发展导师"

2023年，由南开大学电子信息与光学工程学院院长颁发"大学生五育导师"聘书

作者的学生时代
Author's School Days

2012年,在南开大学学习期间和同学的合照

2014年,留学澳大利亚阿德莱德大学期间与老师合影

2015年,参加澳大利亚阿德莱德大学毕业典礼

弈小象名师

殷鉴

围棋职业棋手
从事围棋教学15年
全国青少年围棋比赛亚军
《世界冠军教你下围棋》系列丛书作者

许斐然

围棋职业棋手
河南省围棋协会理事
二十年围棋教学经验
曾多次在《围棋天地》发表围棋研究
曾培养出数十名围棋职业棋手

围棋

国际象棋

田维希
北京大学光华管理学院
国家一级运动员
国际象棋棋协大师
国际象棋中学赛全国个人冠军
被中学校长实名推荐北京大学

李大卫
棋协大师
前国际象棋国家少年队队员
从事国际象棋教育10年

崔航

清华大学本科及硕士
国际棋联大师
多次获得两项棋类省市冠军
曾任清华大学中国象棋队队长
荣获世界象棋联合会授予的国际棋联大师称号

宋洁

棋协大师
象棋裁判员
曾任北京市宏庙小学象棋课老师
曾任北京人大附中象棋课老师
2009年省象棋锦标赛第4名
2018、2019年全国等级赛前十名

黄岩

棋协大师
2001年省少年赛冠军
2002年省运动会少年组个人季军，团体亚军
2003年全国青少年象棋比赛第4名
2009年省象棋锦标赛第4名
多次进入省赛前六名，培养出多位少年冠军

弈小象团建
Team Building

弈小象管理团队 2022 年年终总结大会

弈小象管理团队 2023 年第二季度战略会

棋如人生

如何让孩子爱上下棋

兰宇 著

图书在版编目（CIP）数据

棋如人生：如何让孩子爱上下棋 / 兰宇著 . -- 北京：企业管理出版社，2024.1
ISBN 978-7-5164-2994-5

Ⅰ.①棋… Ⅱ.①兰… Ⅲ.①棋类运动—基本知识②儿童教育—素质教育 Ⅳ.① G891.9 ② G61

中国国家版本馆 CIP 数据核字 (2023) 第 224776 号

书　　名	棋如人生——如何让孩子爱上下棋
书　　号	ISBN 978-7-5164-2994-5
作　　者	兰　宇
策　　划	朱新月
责任编辑	解智龙　曹伟涛
出版发行	企业管理出版社
经　　销	新华书店
地　　址	北京市海淀区紫竹院南路 17 号　邮　编：100048
网　　址	http://www.emph.cn　电子信箱：zbz159@vip.sina.com
电　　话	编辑部（010）68487630　发行部（010）68701816
印　　刷	天津市海天舜日印刷有限公司
版　　次	2024 年 1 月第 1 版
印　　次	2024 年 1 月第 1 次印刷
开　　本	710mm×1000mm　1/16
印　　张	9.75 印张
字　　数	86 千字
定　　价	78.00 元

版权所有　翻印必究　·　印装有误　负责调换

Preface 序言

近年来素质教育赛道持续升温，素质学科之一的棋类也得到了人们的更多关注。身为棋类教育工作者，经过前辈的建议和指点，我准备把自己的一些经历、经验和心得分享出来，争取把孩子学棋的关键问题讲清楚，并且有机会把内容整理成书，的确是一件幸事。

我的棋艺生涯从一个小城市开始，一步步走向省、全国，后来进入南开大学，得到了很多人的关怀与照顾。无论是父母、恩师、叔伯，都给了我坚持下去的动力和斗志。后来留学归来创业，我又得到了母校的扶持、校友的帮助，还有团队小伙伴们的辛勤付出，才使弈小象走到了今天。最难得的一点是，我们得到了家长和同学们的信任和支持。在这里，除了衷心的感谢，我也想和大家说点心里话。

很多家长都很关注我之前的成绩，或者是成功的秘诀。我个人认为，目前算得上成功、有成就感的只有一件事，就是让更多的小朋友接触到了棋类，喜欢上了下棋。至于之前的成绩、头衔等，也只是努力的结果。想做好一件事，以下几部分内容很重要，我就是这样走过来的。

大家都觉得下棋需要天赋，我不反对这个观点。想要达到顶尖的水平，对天赋的要求更高。对于我们普通人来讲，不是每个人都要当世界冠军，成为棋界泰斗，达到一定的水平并不需要强调天赋。刚开始拜师的时候，我觉得自己有点"小聪明"，和师兄弟接触久了，发现自己的"天赋"也就马马虎虎。有时候我也安慰自己"应该不算太笨吧"。下棋的小聪明，算是浅浅的天赋，不仅我当时有一点，现在很多同学也都有。小聪明只能让我们在某些阶段学得快一点、透一点，而且棋感也可以通过训练来提升。从开始的小聪明，升华到后期的大局观，我们还是有很长的路要走的。

相信同学们学棋都没有输在"天赋"的起跑线上，接下来的发展，机遇就至关重要了。我小的时候，虽然训练的时间比较宽裕，但条件还是有些艰苦，而且比赛的机会也不多。我很羡慕现在的同学们，爸爸妈妈支持他们学棋，有好的学习平台和优秀的老师，还有更多参加比赛的机会。小孩子学棋的过程中，参加比赛很重要。我当年就是尽可能地参加比赛，通过比赛对局来磨炼自己的韧性和心态，从原来只能下顺风棋，到后面能顶住逆风的局面。感觉每次比赛回来，我都对下棋有了新的理解，对自己有了新的审视。所以说，机遇真的很重要。

同学们已经过了前两关，第三关才是真正的关键，那就是热爱。学棋就为了赢吗？我们只热爱胜利？以我个人而言，小时候的棋风偏进攻型，自己很喜欢竞争和战斗的感觉，长大以后投射到生活中，让我更加热爱挑战，而不是一心只想着赢。人的一生会遇到很多困难的局面，或者强劲的对手，只有勇于挑战才能不断突破自我。挑战的过程和结果都很重要，但我们终究要迈出第一步。正因为如此，我放弃了之前理想的工作，辞职创办了弈小象，和同样胸怀梦想的小伙伴们奋斗至今。我特别希望同学们不仅热爱下棋，还能热爱学习、热爱生活，这才是让父母和老师值得骄傲的孩子。

热爱能给予我们无尽的能量，挖掘我们无穷的潜力，想成为高手只差最后一步，那就是专注。刚学棋的时候，我的性子有点急，中局经常沉不住气，比赛有时发挥得很不理想。恩师让我减少实战，多打谱、多看棋，花大量的时间来拆解、模拟中局，再把之前输棋的棋局多摆几次进行复盘。这种半自学自悟的训练，我下了半年的苦功夫，慢慢进入专注的状态，并能持续保持。小时候下棋培养的专注，对我以后的学习和工作有很大的帮助，提升效率的同时，也让自己的思路更清晰，从容不迫地面对竞争和压力。和热爱一样，专注也是一种过程，而且是非常漫长的过程。同学们准备好了吗？

说了这么多，都不足以表达我对同学们的期许。最后，我为同学们送上一份真切的鼓励：路虽远，行则将至；事虽难，做则必成。学棋之路，老师愿与大家共勉！

弈小象创始人　兰宇
国家棋协大师

Contents 目录

Chapter 01
对弈孺子到南开学子

1. 童年启蒙：小小孺子爱上下棋 /002
2. 扬名省内：黑土地上崭露头角 /003
3. 南开学子：以棋会友南开岁月 /005
4. 创办公司：博弈创业不负青春 /007

Chapter 02
学棋是一项时尚的体育运动

1. 追本溯源：三大棋的起源故事 /010
2. 提高认知：三大棋的发展现状与未来 /012
3. 似曾相识：三大棋的不同与共性 /014

Chapter 03
让孩子拥有一个会复盘的人生

1. 可复制的专注力：

    如何让孩子既"坐得住"又"爱思考"/018

2. 可持续的学习力：

    没有"笨小孩"，只需要"学明白"/023

3. 可提升的抗压力：

    锤炼温室的"花朵"，教会孩子如何去赢/028

Chapter 04
对弈是文明的战争

1. 勇于挑战的自信：

    看清棋局，建立勇于挑战困难的自信/034

2. 越挫越勇的逆商：

    屡败屡战，让孩子学会不惧任何失败/038

3. 掌控自如的情绪：

    对弈高手，成为情绪管理的强者/044

目录

Chapter 05
棋类是素质教育的万金油与加速器

1. 规则意识：
   棋局规则，培养出孩子的契约精神 /052
2. 文化底蕴：
   棋盘文化，陪伴孩子成长的优雅大度 /060
3. 智慧人生：
   棋如人生，潜移默化增长孩子的进退智慧 /073
4. 修炼格局：
   棋有棋道，培育孩子不同凡响的认知能力 /078

Chapter 06
两个铁三角：孩子如何学好下棋

1. 兴趣：兴趣是孩子最好的启蒙老师 /084
2. 乐趣：乐趣是孩子快乐进步的源泉 /090
3. 志趣：志趣是孩子人生更高格局与成就的保障 /094

III

Chapter 07
家长最关注的19个问题

1. 孩子多大开始学棋合适 /100
2. 家长不懂，对孩子学棋有影响吗 /101
3. 孩子学棋要学多久 /103
4. 孩子下棋怕输怎么办 /105
5. 孩子遇到瓶颈怎么办 /107
6. 好动和内向的孩子哪个更适合学棋 /110
7. 孩子学棋需不需要天赋 /112
8. 线上学和线下学的区别是什么 /113
9. 学棋的费用高吗 /115
10. 棋类考级重要吗 /116
11. 孩子学棋，做题和实战哪个更重要 /127
12. 孩子学棋适合一对一吗 /129
13. 孩子痴迷下棋怎么办？会不会影响学业 /130
14. 孩子学棋如何选择老师呢 /131
15. 女孩适合学棋吗 /134
16. 孩子学棋需要参赛吗 /136
17. 孩子可以几种棋一起学吗 /139
18. 学棋需要日常练习吗 /141
19. AI对孩子学棋有帮助吗 /144

01
Chapter

对弈孺子到南开学子

我叫兰宇,弈小象的创始人。认识我的人称我为象棋明星、棋协大师,我更愿意把自己定义为一位教育者,孩子学棋的玩伴。"象棋贯穿了我的整个青春",而我只是一个"幸运的普通男孩",创办弈小象就是想用孩子能听懂的语言教孩子爱上下棋。

1. 童年启蒙：小小孺子爱上下棋

我与棋的渊源还要从父亲说起。我的父亲是一位棋类爱好者，现在也是地方象棋协会的负责人。在我的童年记忆里他非常热爱象棋，那个时候我家附近象棋的民间氛围非常好，大家可能到公园找个石桌摆阵对弈，也可能就是在路边支个棋摊对局。父亲不时带着我去围观"战况"，来兴致了他还会亲自上阵，当时懵懂的我充其量是个"吃瓜小朋友"，但随着观摩和思考，我逐渐对下棋的规则和技巧有了一定的了解，也逐渐有了自己的想法。时间长了，我也产生了发表观点的冲动，偶尔会对棋局进行评论，说这步棋不对，那步棋怎么样，给大人支招。因为下棋的大多是周围的邻居，都逗我说："你这小孩才多大，还懂这个呀？"我给紧张的对弈气氛增添了一抹欢声笑语。

后来，大概六七岁的时候，我就开始在棋台上或蹲在地上跟大人下棋了，久而久之，我的水平慢慢提升，能赢过一些大人了，自信心逐渐建立了起来。大家都觉得这孩子行，是个苗子，鼓励我参加比赛。那个时候我也不知道比赛是个什么概念，后来经过大家热心地联络，9岁那年我参加了市里举办的少儿比赛。虽然我之前一直是半业余地学习，属于"野战派"，没有像科班训练那样摆过套路和阵势，但是不谦虚地说，我面对中残局底子比较好，有一定的"内功"。

2. 扬名省内：黑土地上崭露头角

我下棋没有花架子，都是实实在在的。所以比赛的时候跟一些培训稍专业的孩子比起来，像跑马拉松一样，我的后劲更足。后来我的表现引起了市体育局一些领导的关注和肯定，说这个孩子是一个好苗子，辽西地区比较有名的顶尖老师也找到我并开始培养我。之后我获得了市里的冠军，又马不停蹄地一举拿下省冠军，其间名次浮动不大，基本都是名列前茅，一年中多次参与个人或团体赛并夺冠使我迅速积累起丰富的比赛经验。再后来我进了省里的棋圈子，并在 2003 年，我 14 岁时在哈尔滨获得了全国青少年象棋赛冠军。

在我的印象中参赛前还有个小插曲，当时我的学习成绩还是不错的，但是母亲比较反对我参赛，觉得专门搞一项运动会影响读书，可父亲的观点却不一样，十分支持我参赛。父母争执得比较激烈，我记得我当时还向他们立了"军令状"：比赛成绩好，之后可以继续下棋；要是不好就踏踏实实读书。当时我是不知道还能通过下棋去南开大学读书的。

参赛后我算是一鸣惊人，因为参赛选手都是全国的精英，之前我在辽宁省内"独孤求败"，来到更大的舞台后发现有更多优秀的参赛者和我一起竞争。夺冠后我好像打通了"任督二脉"，当时就读的学校在当地数一数二，我回学校就考了一个全校第二，可见参加象棋比赛对我自信心的树立是非常重要的。

爱因斯坦说过：自信是向成功迈出的第一步。

后来我分析，当时每盘棋完全可以用"血雨腥风"来形容，经过那种强度的比赛之后，我感觉年级考试也就那么回事，对于学习和考试来讲心态已经完全放松了。

3. 南开学子：以棋会友南开岁月

进入高中以后，父母还是在我下棋上有点分歧，我也就没怎么练棋，只是偶尔跟棋友有一些交流，那时候学习也比较用功，棋艺就有点荒废了。机缘巧合下，我发现有资格报考南开大学，于是义无反顾地选择了它。

为什么选择南开大学？

中国象棋专家黄少龙先生很早就在南开大学组织象棋培训，对于下象棋的年轻人来说，黄老先生建立了一个很好的根基，南开大学的象棋氛围可以说是当时全国最好的。

做决定后我与家里郑重地谈了一次，大家比较担心的是我好久没有摸棋了，下棋就像健身，要保持一个持续的高强度，尽管之前再厉害，搁置几年重新出山可能实力会大不如前，家里也怕耽误我高考的冲刺，有可能比赛没打好又耽误了学习。面对人生的重大选择，我是敢拼一把的，经过长时间的商议，家里终于选择支持我，而且学校也是全力支持配合，老师也对我很关照，辅导我冲刺学业。除此之外，我还寻求开发 AI 的工程师朋友的帮助，模拟棋局陷阱和相关战术，秘密集训了一个月左右，每天只睡三四个小时，疯狂突击学业和棋艺，只为这最后一搏。

南开大学的比赛大约是在 2007 年末和 2008 年初进行的。

由于那段时间我没有活跃在赛场之内，大家可能听说过但又不知道我是谁，属于名不见经传。我的状态调整得很好，因为我笃定这次无论怎样，人生要下这一盘棋，跟全国的高手下一次棋，我的人生就值得了，输赢就不那么重要了。

我抱着这种"置之死地而后生"的心态，反而平和放松许多；其他选手总觉得就只有上南开大学这一条路，反而包袱很重、压力很大，所以我几乎是以不败战绩入围的，保二争一，最后获得了第二。

除了2003年在哈尔滨夺得全国青少年象棋赛冠军，2008年这次经历也给我留下了深刻的印象，现在想想，封棋后的临阵磨枪，一夜夜硬撑，最重要的成功经验就是关键时刻敢拼，爱拼敢拼才会赢。另外我认为比较重要的是像我们八九十年代的一些中国运动员，技战术水平可能不是那么高，但是身体素质好、体能充沛、基本功扎实，逆风的棋也能顶得住。

现在很多孩子下棋，顺风棋下得特别丝滑、流畅，就像足球比赛赢个5：0，但是一旦0：1落后，心态崩溃的大有人在，我想这大概是没有科技加持下，老一代运动员那些朴素的基本素质的宝贵之处吧。这两次经历，给我后面包括创业在内的方方面面打下了一个强大的心理基础。

4. 创办公司：博弈创业不负青春

2013年，我去澳大利亚名校阿德莱德大学读了金融学硕士。回国之后，我进入最热门的金融行业，做了两年多的投资，陆续投了很多教育品牌。多年下棋的经历，加上海外留学后视野的开阔，使我对棋类运动有了更高层次的认知与思考。留学期间，我接触了美国哈佛大学参与的关于国际象棋成为校园必修课的研究，内心深受触动。

对比之下，我感受到了国内棋类教育的差距。国内更多是停留在"会下棋"上，但下棋中其实包含了对很多核心思维能力的开发，如深度思考的专注力、抗压力、理性思维力，这些并没有得到重视和挖掘。在我看来，"会下棋"和"会教棋"是两码事。教下棋的人有很多，但是会教的不多，顶多算是培养技能、兴趣或规则意识。

通过观察，我发现市面上大多数棋类教育的图书，讲讲规则就让孩子自己去下棋了。如果仅仅是这样，孩子其实是没有掌握章法和规划的，即使输了，也不知道输在哪里。孩子不是怕输，怕的是不知道为什么输，这也催生出一种自然淘汰的模式，很多孩子学棋越来越没自信，越来越没兴趣，最后就不学了。

传统教学是从规则直接迈向实战，这中间存在一个重大缺失。而国外的棋类教育体系遵循一个脉络：首先是规则，然后是局部策略，最后是全局实战。在教学的过程中，他们会把复杂的全局问题拆解成很多局部策略，然后再应用到实战中。只有这样，孩子才会养成一种思维模式，预判对方用哪些策略，自己打算用哪些策略应对；思考这次如果策略运用得不好，下一次要如何优化。

　　缜密的思考过后，为了让更多的孩子享受到下棋的乐趣，科学掌握下棋的方法，提高各种必备的心理素质，我逐渐萌生了创办弈小象的想法。我联系了当时被保送到清华大学、北京大学、南开大学的那一批师兄弟，这些人几乎都是国内顶尖的棋类高手，凭借得天独厚的优势，2018年，弈小象正式起航。

02
Chapter

学棋是一项时尚的体育运动

棋类主要包括围棋、象棋、国际象棋三种。一般这三种棋最为流行，我呼吁家长让孩子学习这三种棋。这三大棋源远流长，文化内涵丰富。其中围棋、象棋是中国传承几千年的传统文化，而国际象棋在国外也是全球第二大运动，仅次于足球。

1. 追本溯源：三大棋的起源故事

围棋起源于中国，相传是三皇五帝中的尧帝创造的，即"尧造围棋，教子丹朱"。

尧帝十个儿子，当中丹朱年纪最大，虽从小受尧帝宠爱，但其性格刚烈，是最不成器的一个。为了教育好儿子，尧帝费尽心思，用了很多种方法都没能让丹朱静下心学习，突然有一天尧帝在军营操练士兵的时候，丹朱猛地一下站起来说："士兵好高大威猛呀。"这一切都被尧帝看在眼里。

第二天尧帝让丹朱捡来一些黑色和白色的小石子，然后在地上画了很多小方格，对丹朱说："黑石子给你，白石子给我，一个石子就是一个兵，你就是将军。咱们轮流在方格线上摆放石子，一次只许放一个，看谁的兵能把对方的兵围住，围住的石子就被消灭掉，必须把它拿走。"丹朱听了很感兴趣，就与尧帝在地上玩起来。玩着玩着，丹朱发现自己的黑兵总被白兵消灭，急得抓耳挠腮，尧帝笑着对丹朱说："你失败是因为你不爱动脑筋，这与战场打仗一样，必须学习排兵布阵的方法，否则是不能取胜的。"

丹朱受到了启发，从此以后再也不和小伙伴们胡闹了，而是向父亲学习这种游戏的本领，经常入迷地对着方格认真思考，悟出了许多打仗的方法和做人的道理，逐渐变得聪明稳重。他长大以后，成了一名能文善武的非常优秀的将军。尧帝教丹朱玩的这种游戏经过不断发展便成了现在的围棋。

围棋属于双人对抗性智力游戏，是中华民族发明的迄今最久远、最复杂的智力博弈运动之一。围棋距今已有4000多年的历史，被称为棋类鼻祖，南北朝时经朝鲜半岛传入日本，流行于东亚国家，后流传到欧美各国。

象棋也起源于中国，相传由姜子牙发明，一直到楚汉争霸时期，由韩信在狱中完善规则，加上了"楚河汉界"。到了宋朝，随着火药的产生，象棋不仅增加了"炮"，还增加了"象"和"士"，至此象棋完整了，一直流传至今。象棋属于双人对抗性游戏的一种，由于用具简单，趣味性强，成为流行极为广泛的棋艺运动，已流传到十几个国家和地区。

国际象棋是世界上一个古老的棋种，距今已有将近2000年的历史。关于它的起源，有多种不同的说法，据传国际象棋起源于古印度，见诸文献的最早记录是在萨珊王朝时期用波斯文写的。国际象棋是一种双人对弈的智力游戏，起源于亚洲，后经西亚阿拉伯世界传到欧洲，然后由欧洲再传到全世界。

2. 提高认知：三大棋的发展现状与未来

中华人民共和国成立之后，现阶段发展最好的是围棋，这主要得益于它学员众多，而且市场的体量庞大，学习围棋的人口最多，因此它的商业模式也是最好的。

围棋学习人口多，考级比较完善，教围棋的老师也是市场里最为活跃的。象棋和国际象棋目前在争夺第二名的位置，国际象棋在一些沿海发达城市和一二线大城市，学习者还是比较可观的。

从热度来讲，象棋排到了第三。象棋之前也有过辉煌，在 20 世纪 90 年代之前，象棋在中国居于统治地位，那时候国际象棋还没有进来。但是随着 20 世纪 80 年代中日争霸赛围棋火起来之后，20 世纪 90 年代到千禧年的这几年，围棋一直保持在第一的位置。那种之前街头全是象棋文化的现象，逐渐被围棋所取代。

从赛事角度看，国际象棋的奖金是最高的，在全球范围内更有影响力。中国浙江籍选手丁立人不久前夺得现代国际象棋历史上第 17 位男子个人世界冠军，也是中国第一个国际象棋男子个人世界冠军，这对中国国际象棋来说无疑是一个巨大的成功。

相对于国际象棋，围棋的奖金也很高，赛事主要围绕中国、日本、韩国展开。20 世纪 80 年代主要是中日竞争，随着日本超一流选手的落败，日本一家独大的神话被打破。目前主要是中韩对抗，围棋世界第一人是 00 后的韩国人申真谞。

中日韩三国围棋比赛，有很多大企业进行商业赞助，比如三星、LG 等。而象棋比赛主要是国内的一些赞助商，国内象棋联赛由腾讯赞助，华为之前赞助过围棋联赛，象棋奖金也比较丰厚，当然与围棋还是不能比的。

三大棋都是高级时尚的智力运动，我国的棋类综合实力是非常强的，最强的当属象棋，好比乒乓球，处于垄断地位，随便派一个二线选手都能够横扫对手。如果中国派排名前三的选手参赛，最后可能就是这三人争冠，这对象棋的推广来说也是一个瓶颈，因此我们要教外国人学象棋来作对抗，这样才有利于这项运动的发展。

围棋方面，日本近年衰落了，目前主要是中韩对抗。攻守之势异也，形势此消彼长，韩国出了第一代的曹薰铉、第二代的李昌镐、第三代的李世石及新生代申真谞等，而中国常昊之后出了古力、柯洁等，一代又一代生生不息，从未断代。但是日本一直没有任何一个人能够扛起这面大旗，围棋人才出现了断层。国际象棋方面，我们也有一些顶尖人才具备竞争能力，女子国际象棋冠军非常多，前段时间居文君夺冠。2023 年中国国际象棋总共拿了两个世界冠军，含金量也是最高的。

中国的三大棋总体现状还不错，商业模式最好的是围棋，比较流行的是国际象棋。从赛事奖金到发展，象棋处于一个小小的低谷。

3. 似曾相识：三大棋的不同与共性

人类发明了很多伟大的游戏，包括各种体育运动，当然也包括各种棋类，其中围棋、中国象棋、国际象棋这三大棋是棋类中影响最大的，是人类智慧与文化的结晶。

三大棋各有各的不同，国内外很多教材都经常引用一个概念，他们把围棋比作经济学，把象棋和国际象棋比作管理学。围棋为什么是经济学思维呢？

金庸说过：围棋是严谨的思想锻炼、推理锻炼，是"头脑体操"。

围棋棋盘上分有黑白两种棋子，实际上每个棋子的功能都是一样的，而象棋和国际象棋则不然，车、马、炮和国王、王后各司其职。围棋的棋子虽然一样，但是下在棋盘上讲的是哪个位置空间大、效率高，看的是每个棋子的落子位置、效能如何，引用我们的围棋模型，也偏数理，讲求计算力，因此它确实是符合经济学原理。

男子国际象棋特级大师卡尔波夫说过：国际象棋包容一切艺术、科学和竞技。

象棋和国际象棋比较相似，基本上都是管理学智慧，不同棋子功能不同，不同阶段应发挥它最大的作用，这就叫分工协作。资源分配一开始都是公平的，每一方棋子都完全对等，只是在行棋过程中，把这些棋子合理运用并达到想要的结果。所以我们说它是管理学思维。

象棋是统筹规划全局，排兵布阵，跨越"楚河汉界"进行对抗，有点像今天的军事推演。国际象棋和象棋在这方面比较类似，只是有些规则不同，国际象棋国王和王后移动范围大，象棋的将和帅只能待在九宫，这方面也是西方文化和中国传统文化的不同。

围棋、象棋、国际象棋三大棋有不同，也有一定的共性。

第一，复杂程度高，极易锻炼孩子的求知欲和探索欲。

第二，三大棋都被国家体育管理总局纳入了正式体育项目，和篮球、足球、游泳一样，可以看出国家对于三大棋的重视。

第三，学棋还能够影响升学，我被保送进入南开大学就是享受体育升学的好处，未来棋类可能会成为必修课。目前深圳有很多学校已经加入棋类课，比如围棋、象棋进入校园成为必修课。在国外的一些国家，国际象棋实际上已经成了学校的必修课，会有很多升学方面的好处。

三大棋都是人类科学与智慧的结晶，都有自己的文化属性，因此国内外很多知名人士都是"发烧友"。大科学家爱因斯坦、企业家扎克伯格都在深度学习国际象棋，企业家雷军更是围棋的深度爱好者。

03 Chapter

让孩子拥有一个会复盘的人生

孩子学棋究竟有什么好处呢？这是家长们最关心的问题。首先是对孩子底层思维能力的训练。我从自己的成长历程、众多热爱对弈的名人名家的结论、我们培养孩子的经验，以及参看国外众多的研究报告，得出结论认为学棋会使孩子在三个方面有所提高：第一，专注力；第二，学习力；第三，抗压力。

1. 可复制的专注力：
如何让孩子既"坐得住"又"爱思考"

四五岁的孩子天生好动，想让他们坚持 30 分钟坐在课桌前学习确实并非易事。可孩子一旦上棋类课，就能坚持上完课，这就得益于专注力。美国心理学之父威廉·詹姆斯说过，专注力是一种训练，我们只有通过不断的练习和锻炼才能提高自己的专注力水平。

我们在研究实践中发现一些共性，实际上孩子的专注是可以迁移复制的，这在国外叫作可复制的专注力。这个词总结得挺好，孩子在某件事情上进行深度思考，就是所谓的专注。

但专注也存在误区，如果你发现孩子专注看动画片，一个小时一动不动，就认为他的专注力能够提升，做别的事情也会更加专注，其实不然。一旦关掉动画片，做其他事情他仍无法专注，这就是没有掌握专注力的底层逻辑。可复制专注力的底层逻辑是对某一件事情形成深度思考，不断发问探究。

我们常说在老师的陪伴下，孩子要坐得住、爱思考，实际上坐得住的方法有很多，但是爱思考才最重要。爱思考就是我们常讲的激发孩子主动思考，形成深度思维，也就是深度思考。当今时代，琴棋书画中能够让孩子深度思考，有穿透问题本质能力的恰恰就是棋类。

下棋需要你看一步想三步，不断进行逻辑推演和逻辑假设，这就是为什么学棋的孩子更懂得变通。学下棋的孩子如何锻炼自己的深度思考能力呢？比如，每一步棋有五到十种走法，我们会在脑海中推演 ABCD 四步走法，我走 A，对方走 B；我接着走 C，对方走 D，这种方法可以一直走下去。一旦不行，就要懂得变通，换一种方法再走。下棋每一步都有成千上万种走法，初级的孩子也会有五六种，一盘棋可能有几十回合，它的变化是指数级别的。所以下棋能够通过训练使孩子形成深度思考的能力。我们弈小象就有一个这样的孩子，他在专注力培养过程中形成了深度思考的能力。

　　毛笋（小名），5 岁半男孩，不到 5 岁就开始在弈小象学习围棋，生活在北京。

　　毛笋是一个活泼机灵的孩子，刚开始学棋的时候，还不到 5 岁。别看他年龄小，围棋的规则和吃子下法还真难不住他。渐渐地毛笋遇到了问题：真正和别的小朋友或 AI 下棋的时候，自己的棋子总是被对手吃掉，不像做题那样容易。

　　这意外的结果让小家伙有点失落。到底是为什么呢？

　　毛笋的问题，老师自然是看在眼里。因为孩子年龄小，不易理解抽象的理论，老师格外耐心细致地引导毛笋吃子先要"数气"，而且双方的气数都要数清楚，这是围棋基本功的第一关，也是最简单的一环。之前下棋的时候，毛笋只顾着数对手的气，忙着去"紧气"和"打吃"，而不顾自己棋子的安危，这才给了对手吃子的机会。

除了双方的气数，老师还告诉毛笋，下棋还要注意"棋形"和"断点"，哪怕只是早期的吃子阶段。老师摆出了经典的棋形和毛笋模拟对弈，让他找出双方的断点和弱点，慢慢地毛笋懂得了棋形的重要性。接下来的对局中，毛笋把注意力放在了气数和棋形上，不再像以前那样穷追猛打，已经有点攻守兼备的风范了。通过学习他还明白了下棋需要计划和换位思考，走一步看三步，而且要考虑对方的下法。

在培养专注力的过程中，毛笋同学学会了观察双方的气数和棋形，形成了儿童式的深度思考；而且在对局结束之后，不会像以前那样执着于胜负，而是坦然接受输赢，然后专注于复盘总结，专注于下一盘棋的表现。妈妈惊叹于毛笋的变化，随着围棋水平的提升，毛笋肯定会迸发更多的潜力和亮点。

在国外，人们更注重培养孩子的思考路径：看到一个现象—为什么会有这种现象—如何解释这些现象。他们的思考是有回路的，发现问题，然后分析问题，最后解决问题，这样做事才够精准，这正是源自他们思考的维度更深。我以我们弈小象的一个孩子作为案例作进一步说明。

张一梵，6岁男生，5岁半开始学棋。

生活中一梵是个非常活泼的孩子，对很多事物都充满好奇心，这种类型的小孩子大多思维敏捷、反应很快，但学习时偶尔会坐不住。刚加入弈小象学棋时，一梵同学也的确遇到了这样的问题。

专注力的本质来自喜欢思考，课上老师会引导、启发思考，把思考的机会留给同学们。围棋启蒙最早接触的是吃子，起初一梵只关注棋子的数量，只在乎能不能吃掉对方，结果往往事与愿违。他不但没有吃掉对方获胜（9路吃3子、13路吃5子），反而自己的棋子被对方吃掉，还输了好几盘棋。

遇到这种问题，老师及时做出了调整，进一步关注孩子的专注力：第一，每走一步棋都要求孩子认真观察，不能乱下，那样会有很多漏洞，白白给对手提供机会。第二，要孩子观察棋子的气数、棋形乃至空间，而不是只看数量。这种思维一旦建立起来，就会形成可复制的专注力。

经过老师的悉心指导，再下棋（启蒙吃子）的时候，一梵会观察双方棋子的气数及棋形是否安全，有没有断点可以攻击或保护。很快一梵的胜率就追了上来，最近已经开始和老师约战了。

而棋盘上的专注力，也对他的学习和生活产生了积极影响。一梵不再像之前那样落子如飞、急着要分出胜负，而是每步棋都下得很沉稳，而且学习时也慢慢能坐得住了。无论是上网课、下棋还是做作业，他都可以独立完成，妈妈再也不用担心和焦虑了！

其实，一梵的进步是很多同学阶段成长的缩影。对小孩子而言，专注不仅仅是一种状态，更是一种习惯。一梵刚完成了专注力的挑战，后面还有很多能力在等着他去开发呢！

当今时代，孩子能够快人一步，比别的孩子多思考一点，或者是更有深度地思考一件事，最终就会领先别人。如何能够

拥有快人一步的思考方式？就是用深度思维帮助孩子复制专注去做其他任何事情，不断发问探究，自然而然就形成了可复制的专注力。

乔布斯说过：专注和简单一直是我的秘诀之一，一旦你做到了，便可以创造奇迹。

专注力的本质来自孩子热爱思考、深度思考、喜欢思考、主动思考，而不是被动吸引。这种主动思考形成的高级乐趣只有持续坚持才能有所收获。我们的老师一直秉承这种理念，帮助孩子构建这种思维，最终形成可复制的专注力。

2.可持续的学习力：
没有"笨小孩"，只需要"学明白"

"学习型组织"概念的创始人阿里·德赫斯说过，唯一能持久的竞争优势是胜过竞争对手的学习能力。在这里我想讲讲学棋如何锻炼孩子们的学习力。我们之所以投入大量精力去研究学习力这件事，是因为我们看过一个报告，说2014—2020年间，每年各省市的高考状元中不少人是学过围棋的，而且段位很高，棋龄至少两三年。这些真实的例子很快吸引了我们的关注，常规来说，如果光靠死记硬背应该达不到状元级别，根本原因还是这些孩子学习力非常强，这种现象引发了我们对学棋与学习力之间关联度的深度思考和研究。

我们收集了大量的信息和数据，通过拆解分析发现，孩子在小学二三年级就会出现学习上的分水岭。因为小学一二年级的时候，他们靠死记硬背完全可以从容应对所学的内容；但三年级后，知识的密度增加，学习光靠记忆就会变得吃力，这个时候需要做的就是举一反三。比如说用数学方式通过一个基本定式总结出核心的原理，然后去解决更多问题，掌握好这个技能，学习能力就会越来越强。高中和大学涉及的知识密度更高、组成更复杂，所以从小培养这种举一反三的"应用知识能力"尤为重要。

应用知识能力等同于学习成绩，因为它等同于学习力。在学习围棋、象棋、国际象棋的过程中，我认为应用知识能力的培养基本要经过三个科学阶段：第一个阶段叫学定式；第二个阶段叫解决局部问题，就是局部策略；第三个阶段叫全局实战。科学的棋类教育应该满足这三个阶段，并且是螺旋式上升的，缺一不可。我反对刚教会规则就让孩子去下棋这种模式，它是不可取的，中间缺少对全局的目标拆解，只有完善每个局部才能统揽全局。我们弈小象有个孩子就是在学棋过程中逐渐掌握了这种能力。

易芳菲，8岁女生，在荷兰生活，6岁开始学棋。

刚加入弈小象时，芳菲还不太习惯和国内的同学一起上课。经过老师的悉心指导，她很快适应了语言和上课节奏，后面在荷兰参加了几次比赛，都取得了不错的成绩。

小孩子学棋，早期更多学的是基础理论和棋理。在这个阶段，如果能完成规律闭环（发现规律、验证规律、运用规律），学习会事半功倍，甚至会举一反三。以最简单的"后车杀王"为例，孩子们可以用后或车控制对方国王的线路，另一颗重子完成将杀；还可以用车来支撑后到国王身边完成将杀。

发现这个简单的规律并加以验证，很快孩子们就能运用规律了。芳菲同学学棋几个月就有了这种思维体验，在学习上就好似开了窍，大大地提升了效率；而且在平时的阅读和运动当中也打开了新的思路。

下棋当中的学习力可以帮助同学们解决局部问题、规划全局、拆解目标。芳菲同学在取得优异比赛成绩之后，已经开始为自己制定任务、规划时间，例如每周要做哪些重要的事情，每天要完成哪些任务，展现出很强的条理性，让爸爸妈妈非常省心。有时候她还会提醒大人，给他们出谋划策。

两年多的学棋生涯，芳菲的变化和进步很大，家长非常欣慰，表示会继续支持孩子学棋，而且芳菲同学也设了小目标，让我们一起加油，实现梦想吧！

老师在下棋的过程当中给孩子一个定式，让他去推导并解决局部问题，这就是应用知识能力训练。局部的策略需要进行归纳总结，全盘同样是应用上一级的内容去推导下一级的问题。下棋是一个全局决策，有大体的决策方针战略后才能走好每一步棋，这是一个高级的管理思维，孩子通过这个过程逐渐学会自己作决策，不依靠老师、父母或其他人。

我认为学棋中培养的这种应用知识能力相对更复杂，因为它呈现出一种特殊的动态变化。比如用定式去解决一道数学应用题，这个题是不变的。下棋不一样，用定式去解决局部问题时，每走一步棋对方也在应变。所以我认为下棋是在动态的变化中找到最优解，这样可以更好地训练孩子的应用知识能力，一旦训练成功就可以轻松应对学习，实现"降维打击"。我们弈小象就有两兄弟通过学棋提升学习力的案例。

哥哥晏德 11 岁，弟弟恒德 8 岁，哥哥 2022 年开始在弈小象学习围棋，在上海生活。

晏德在很小的时候就接触过围棋，当时没有参加专业学习，后来妈妈了解到弈小象，决定让晏德来系统地学习下棋，结果老师发现孩子的底子不错，进步很快。晏德正式开始学棋不到 1 年的时间，已经达到了业余 1 段左右的水平，若加大训练强度和投入更多时间，他的前景会非常好。但孩子在学业上的压力还是让妈妈产生了担忧：到底要不要继续学围棋，会不会影响孩子学业？接下来发生的故事，给了妈妈答案。

晏德作为哥哥，很照顾弟弟恒德。弟弟平时看到哥哥认真钻研围棋，也产生了兴趣，慢慢向哥哥请教起来，从吃子开始学起。晏德学的进度快，基本功还扎实，在给弟弟讲棋的时候，相当于把知识点又做了一遍梳理和拆解，他还特意为弟弟做了笔记和思维导图。教完弟弟吃子的方法，晏德发现自己对围棋的理解更加深刻了，而且这种能力和思路会慢慢融入学习当中，让自己的学习力得到提升。除了学棋、训练的时间，晏德还要花时间指导弟弟，但这并没有耽误学业，他本就优异的成绩不但没有下降，反而还有了小小的提升。

妈妈看到这样的结果很欣慰，非常支持兄弟俩学棋。现在弟弟恒德也在弈小象学习围棋，表现也很棒，同样没有耽误学业，而且思维更加敏捷，学习状态火热。

所以说"学明白"的孩子是因为方法得当。学过棋的高考状元实际上就是掌握了学习的相关规律，亲历了应用知识能力螺旋式上升的三个阶段。

3. 可提升的抗压力：
锤炼温室的"花朵"，教会孩子如何去赢

我在国外研学期间关注到国外学校普遍把国际象棋引入校园，很多专家在反复探讨"进校园"这个问题，其中有一句话很打动我："想避免孩子在社会上遭到'毒打'，就要在校园时代尽早让他感受胜负。"在这里就不得不提抗压力。

国际象棋相比传统体育大项，时间成本和材料成本都相对较低，能够满足让孩子快速感受胜负的条件。但是具体来思考，学会直面失利真的能增长孩子的抗压能力吗？

上面的观念在现如今已经被推翻了，培养孩子的抗压力并不是让他一味地输，也不是一味地"低水平重复地输"，而是要教会他如何去赢。

孩子，包括我们成年人，哪怕是世界冠军，没有人能一直赢，我们应该引导他学会如何面对失利，这件事在下棋当中有一个非常不可替代的环节，叫复盘训练。复盘这个词很好理解，它正是来自围棋、象棋、国际象棋的训练方法，什么是复盘呢？下完一盘棋，像过电影一样重新摆一遍，发现问题后想想怎么在下一盘优化。道理很简单，孩子小的时候一旦经过这种科学的复盘训练，对他面临失利后的表现是起决定性作用的。

我们这有一个孩子很小，5岁学棋，6岁参加第一场比赛，前六盘都输了，当时孩子妈妈都忍不住了，找我们说太心疼他了，别让他下了。我说可以，但最好尊重下孩子的意见，这时候孩子自己在摆棋，跟妈妈说"我要下完"，坚持下最后这盘并且赢了。纵观整场比赛，虽然这个孩子前六盘都输了，只赢了最后一盘，但是当时这位妈妈非常感动，谁能在前六次都跌倒的情况下仍坚持完成最后一盘棋还能获胜？只有具备复盘思维习惯、成长性思维的孩子才能拥有这种强大的心态，很多成年人都做不到的，这位6岁的小朋友做到了。

在某些困境面前，一些孩子会情绪化、抱怨、沮丧、放弃。但是有复盘思维的孩子是先想内因，然后想办法，这也叫成长性思维，他总在超越自我的路上，认为下一次比这一次更好就够了。这种复盘思维方式一旦建立，孩子一定会慢慢接近赢，同时他不怕输，因为输的时候不会情绪化，而是理性地去看待问题，思考下一次怎么变得更好，这都是复盘训练带给孩子培养复盘思维、养成复盘习惯的改变。我们弈小象有个孩子就是在学棋过程中养成了复盘的习惯，棋力逐渐增长。

愉快（小名），7岁男生，4岁开始学棋。

生活中的愉快，是一个非常阳光积极的小男孩。不到4岁的时候，他无意中看到小区里有人下象棋，就跑过去看热闹，一来二去就学会了规则，于是跟妈妈说想学象棋。但当地没有线下的象棋培训机构，后来妈妈多方打听，最后愉快加入了弈小象学棋。

刚开始学棋时，愉快还不到 5 岁。别看他年龄小，前几个月的棋力可以说是突飞猛进，他不仅知识点掌握得很扎实，而且还可以完成一盘简单的实战。一般来讲，低龄的孩子学习象棋，前半年要控制实战的数量，要少下、有引导地下。因为象棋不像围棋一样有迷你版本，对局上来就是指挥全局，对"开中残"都有一定的要求，所以对小孩子来说，的确有很高的门槛。

愉快同学很快就突破了这个门槛，而且也换到了进度更快的班级。没过多久，他就第一次感受到了"人外有人，天外有天"。班里有一位比他大半岁的同学，在几次对弈课和模拟赛中，愉快都不敌这位同学。令人绝望的是，对手走得又准又稳，而善于进攻的愉快却举步维艰，颇有棋风相克的味道。有一次输棋后，愉快留下了伤心的泪水。小棋手的内心产生了动摇，那段时间愉快经常想一个问题：我真的能打败他吗？我还能去参加比赛吗？

学习生涯有一个强劲的对手，很多时候是一件好事。虽然当时输了很多棋，但经过老师的及时调整，愉快同学迅速走出了低谷。老师首先暂停了愉快的实战训练，以解题为主、打谱为辅，让他观摩一些高手的对局片段；然后再和愉快进行局部对战，从某个特定形势继续对弈；最后再限制实战数量，无论网棋还是线下实战，都记谱和复盘。

在几个月后的内部比赛中，愉快又和那位同学在关键轮次狭路相逢。对方的棋风偏稳重，愉快打持久战不一定能胜。执黑棋的愉快保持本色，开局便选择直接亮剑，对手忙于应付，双方激战成和。

现在的愉快，不仅棋艺有小成，在学校还是班级干部，并且热爱很多体育运动，小伙子应该是热爱竞技体育的那份竞争和挑战吧。从进步神速到遇到瓶颈，从自我否定到敢于亮剑，愉快同学的突破不仅仅体现在棋盘上，经过下棋的历练，相信后面再多的挑战也难不倒他。

时代在快速地进步，工作与生活的节奏不断地加快，给孩子们的心理带来了很大的压力，加上普遍是独生子女，没有经历过什么挫折。如今不时地传来学生不堪压力轻生的消息，患抑郁症的学生数量也明显增加，这些都是孩子抗压力不足的问题。

我们觉得让孩子拥有一个会复盘的人生其实很重要，它有不可替代的作用。之所以国外学校会率先把棋类纳入必修课，就是认为复盘训练非常重要，养成复盘习惯的孩子，抗压力会得到明显的提升。复盘训练又是棋类独有的优势，让孩子在校园时代就接触棋类课，这对之后成长和步入社会都大有裨益，包括提升创业成功率、职场工作成功率，乃至方方面面。

04
Chapter

对弈是文明的战争

下棋是两个人的对弈，虽看不见硝烟，却是脑力不停在激荡，它是棋盘上文明的战争。我从小看棋、学棋，知道象棋中有一句名言：河界三分阔，智谋万丈深，象棋似布阵，点子如点兵。除了能够锻炼孩子的思维层面，还主要体现在竞技性上。下棋在竞技层面能给孩子带来哪些好处呢？

1. 勇于挑战的自信：
看清棋局，建立勇于挑战困难的自信

下棋的高手有很多，一般都很谦虚，最关键的是他们都很自信。两人对弈，自信心很重要，也许技不如人，但关键时刻要勇于挑战、敢于应战。现在很多孩子的家庭条件优渥，遇到点问题很容易退缩，每到较真的时候，往往习惯性"认怂"，平时看上去无所谓的样子，可到了要紧的时刻，是否是能够迎接挑战的真英雄犹未可知。

国外有一个报道说，学棋的孩子自信、阳光、乐观。孩子学棋为什么更自信？主要从以下三个层面体现。

第一，下棋是一种竞技运动，但又是一个适度的竞技运动，相对于激烈对抗类的竞技项目，下棋有一定的舒适性，这对幼小时期的孩子来说更易于接受，没有那么残酷。下棋是分胜负的竞技项目，是让孩子能够获得"赢"的学习工具，我们常讲，下棋是一种让孩子体验胜负成本最低的方式。对弈有输赢，孩子在下棋过程中容易获得成就感，这就是自信的来源。我们小时候都经历过很多输赢，但是经过适度的复盘训练，我们对于输这件事并不是特别在意。

第二，我们小时候赢棋，就是单纯的快乐，学习一段时间后，乐趣逐渐升级，我们会主动去跟身边的人分享自己是怎么赢的，

也乐于把经验分享给其他老师或孩子，这样做让我很快乐，这也是自信的来源。

第三，棋类比赛有一个特别好的现象就是分台，分为1至10台。比赛一开始，参赛台可能是随机分的，赢的孩子就前进1台，赢得越多就越靠前，当积分达到第一的时候，就会在第一台下棋。这种通过自己努力赢得往前走的机会，对我小时候下棋比赛是一个很好的激励，而且感受很深。当你去跟常赢的孩子对弈时，对于自信心的提升自然就不一样。当你有一天坐上第一台参加比赛的时候，只要坐在那里，就已经超越了胜负；当你发现所有的目光都聚焦在你身上时，本身就有一种很强烈的成就感和荣誉感。孩子在参加区级比赛、市级比赛、全国比赛时，每一次赢的过程就是在攀登，这种成就感一定会带来满满的自信力。

孩子一开始学棋很容易分出胜负，建立起自信；学棋一段时间后，孩子慢慢地愿意把比赛过程分享给身边人，这时候自信就升华了；之后参加竞技比赛，通过自己的努力往前攀登，当赢得比赛后走到下一台时，孩子的自信力就会爆棚。

孩子经历过这样的过程，以后无论比赛胜负，都能从竞技中走出来，在生活和学习中建立一定的自信。下棋能够通过努力往前走，学习和生活一定也可以，因为内在规律都是一样的。

孩子的自信是什么？就是"我能赢"，就是"我能做好"，就是这件事"我能行"，孩子的自信就来源于此。在下棋过程中有以下几个维度可以支撑孩子的自信心。

第一，体验成本低，每一盘棋都能快速分出胜负；第二，竞技环节，孩子独立面对困难，独立解决问题，独立攀登高峰。为什么是靠独立去进步？因为学棋不是团队运动，团队训练更多是靠大家一起努力，而下棋是靠自己赢得比赛，往前攀登更多是依靠个人英雄主义和个人自信，这与团队运动是完全不一样的。在学习和生活上，学棋的孩子也是如此，通过自己的努力完成自我成长，这样的孩子非常了不起，我们能从中体会到他们的自信。

学棋的孩子越是自信，其心理建设就越强。很多学棋的孩子，在对弈时很有大将风度，能够审时度势，无论遇到什么样的高手，都不会慌乱，特别沉稳。自信心的建立是慢慢累积的，不是一蹴而就的，我就是从小开始比赛逐渐建立自信的。下棋建立自信胜过考试，尤其是建立自信的效果要比考试好，所以自信对心理素质要求是很高的。

如何帮助孩子建立自信？家长和老师能够做些什么？

第一，老师要教会孩子"赢"的能力，这对于孩子建立自信非常重要。 孩子不能一直输，否则就会丧失信心。老师要教会孩子怎么从输到赢，从不输到赢，这需要老师和家长的鼓励，并进行适当的复盘训练引导，让孩子在失利的时候别丧失信心，然后帮助他赢，在下一次对弈时有所进步。

第二，训练闭环是关键。 就是让孩子下一次有所提升，这样他才会有接近赢的机会。下一次孩子可能还会跌倒，但是再次让他复盘就会再次提升，在不断提升的过程中接近赢的状态。

赢过的孩子自信心就是不一样，只要赢过，他就还想赢，赢过6次，就是"胜利者心态"。有胜利者心态，孩子就会充满自信，积极面对任何一次挑战。这时候家长切忌揠苗助长，要给予孩子更多鼓励。

我们经常探讨自信的本质，认为无论围棋、象棋还是国际象棋，建立自信的速度比其他的竞技运动要快。建立自信的过程中实际上一定要让孩子知道怎么从输到赢，而不是侥幸赢过很多次就认为有自信了。要让孩子知道赢在哪儿，怎么赢的，他才会真正有自信。

有些孩子在网上下棋，稀里糊涂赢了10盘就盲目乐观，遇到挫折还是不自信。而有些孩子一开始输了5盘，通过复盘知道这5盘输在哪里，然后又赢了5盘。同样是下10盘棋，前者不知道怎么赢的10盘棋，后者先输5盘，找到输的原因，再赢5盘。我们就会发现二者的自信力是不一样的。先输后赢的孩子，他们做任何事都不一样，即便输了也不怕，因为他们知道怎么去赢，这就是自信。

下棋虽说是棋盘上的战争，但考验的是一个人勇于挑战的自信，电视剧《亮剑》里李云龙曾说：纵然是敌众我寡，纵然是身陷重围，但是，我们敢于亮剑，我们敢于战斗到最后一个人，一句话，狭路相逢勇者胜。孩子学下棋，能够锻炼他们在遇到困难时勇于挑战自我的信心和勇气，这也是学棋的优势之一。

2. 越挫越勇的逆商：
屡败屡战，让孩子学会不惧任何失败

孩子学棋要有勇于挑战的自信，但不能盲目自信，否则也会一溃千里。下棋有赢有输，没有谁能一直赢，尤其是和比你级别高的棋手对弈，赢的难度就更大，这里就要考验孩子的抗挫力了。下棋和人生一样，没有谁会一帆风顺，总有逆境来临的时候，这时候韧劲儿很关键。学棋也不会天天输，像我们常说的非要经历九九八十一难才能修成正果，但是遇到困难的时候不能怂，关键时候要顶住。

我在直播时一旦讨论涉及"逆商"的话题，家长们的活跃度就会很高，这也间接说明家长非常重视孩子的逆商。我之前和许多家长聊天的时候也都谈到过逆商，它有不同维度的定义，在下棋这方面就是指孩子在面临困境时的表现能力。

孩子在学棋过程中锻炼逆商和抗挫力包括以下几个层面。

第一，要明确的是当孩子面临失利的时候应该怎么办。

为什么学棋的孩子普遍在面临失利的时候表现要好于没有学过棋的孩子？因为学棋有一个得天独厚且不可替代的环节——复盘，现在社会上方方面面都讲究复盘思维，不管是体育竞技还是案件分析，甚至是考试，都离不开它。复盘思维正是源自棋类运动的一项独有的训练方法。

复盘是什么呢？通俗地说就是老师跟孩子，或者孩子之间下了一盘棋后，老师带着孩子从头再摆一遍整个过程，就像看录像一样。在这个过程中，孩子可以发现哪几步有问题，下一盘如何优化会下得更好；哪几步走得很巧妙，如何保持和巩固。这个看似简单、操作起来也不难的过程就是复盘。

在弈小象学棋的孩子中有一对亲哥俩，哥哥叫福福，8岁，弟弟叫禄禄，5岁，都在北京生活。兄弟俩活泼开朗，平时爱好阅读和骑行。禄禄身边有不少小朋友在学习下棋，耳濡目染地，他也对下棋产生了非常大的兴趣，于是拉着哥哥一起来学棋。禄禄在围棋启蒙阶段通过考级后又加入了学习象棋的阵营。通过学习下棋，兄弟俩在下棋的竞技层面有了很大的进步。

当出现失利，甚至是连续的失利应该怎么办呢？

第一点，注意力的转移。 下棋对弈难免有输赢，尤其是刚开始学棋的时候，很多小朋友都接受不了失败。福福每次输给水平相近的同学时就会不开心，容易自责，觉得自己下得不够好。这时老师和妈妈就会引导孩子，让他把注意力暂时从棋局中转移出来，这么做不是敷衍和逃避，而是防止孩子负面情绪的蔓延，让他放松心情、打开思路。慢慢地，福福养成了一种习惯：在遇到暂时没办法攻克的挫折和困难时，先放一放，调整好状态再处理，往往会有事半功倍的效果。大丈夫能屈能伸、张弛有度才是理想的状态。

第二点，自我的激励。 禄禄刚开始学习围棋的时候，经常赢同龄的小朋友，但和哥哥对弈时，由于年龄和学习力的差距，总是输多赢少，自信心受到打击，逐渐有放弃围棋的想法。妈妈和老师发现后及时鼓励禄禄跳出舒适圈，朝更高的目标迈进。于是，禄禄把追赶哥哥作为短期的目标，发挥出了惊人的潜力，围棋水平突飞猛进，同时他也开始学习象棋，这就是自我激励的完美体现。

第三点，自我的复盘。禄禄在向哥哥发起挑战时发现，想赢哥哥不仅需要努力，还要明确每一盘棋为什么输、输在哪儿，人不能被同样的错误打倒两次。妈妈帮禄禄安排了对弈课和复盘课，经过老师专业的指导和训练，禄禄每下完一盘棋，大致可以总结出自己发挥得好不好、有哪些失误，以及全局的关键着法。这种自我复盘的习惯也投射到了他的学习和生活中：当禄禄遇到不好的结果时，再也不会像以前那样哭鼻子、闹情绪，而是静下心来自我复盘。

如今，兄弟俩打好了棋艺的基础，我们相信，内心强大的孩子会在下棋这条道路上越走越顺，在竞争中越挫越强。

很多家长都会发现孩子在我们弈小象上完复盘课之后，慢慢地对所有事情都会养成复盘的习惯，习惯在遇到任何困境的时候先归因，找内因、想解决方案，而不是情绪化地抱怨、放弃。

所以抗挫力强的孩子面对问题时理性脑占据的比重更大，而不是情绪脑，从大脑结构来讲，很多孩子情绪化严重是因为在遭遇困境的时候先情绪化，而不是理性地归因，这件事可以通过下棋的复盘训练优化。

第二，下棋可以提升孩子在不利局面下快速调整的能力，这是非常重要的一点。

因为每一步棋都可能让心理产生波动，一会儿好，一会儿坏，对方走了一步好棋，自己的形势就不好了，所以他的心弦是被来回拨弄的，内心虽波涛汹涌，但是表面上他要气定神闲，不能急躁，一直到分出胜负。

下棋的过程千变万化且变幻莫测，比如比赛中的每一步棋都有可能从有利局面变成不利局面，而且正规比赛都有时间限制，每个人都必须在各自的规定时间内把这盘棋下完，超时的话就输了。

我观察过很多入门阶段的孩子，局面一不好就崩溃了，摔棋走人，我们叫"只能下顺风，下不了逆风"。但是经过正规系统的学习，孩子在不利局面下一直在想办法，而不是情绪化。他会专注于哪几步棋下得不好，怎样才能变得更好。快速调整对于下棋很重要，因为在比赛的时候没有那么多时间，超时就意味着输，有时候电光石火间就要下好一步棋。所以孩子要在时间紧迫且不利的情况下做出应变，一旦坚持下来，锻炼出抗挫力，再面对压力和困难时对于孩子来说就是小菜一碟了。

我参加南开大学比赛的时候，一共7轮，只要这7轮发挥得好，保送就比较稳妥了。当时我有一个从小一起学棋的师兄，关系很好，在第四轮的时候有可能作为对手碰面。他学习这方面没有我优秀，但是下棋水平比我高，总能赢我，所以对他而言这次比赛的输赢至关重要。但如果我们碰上了下成和棋，两人大概率都能进前四名从而成功保送，皆大欢喜。但是他觉得如果能赢我，他的机会就会更大，因为相对学习来说他对于棋艺的依赖程度更高。

到了比赛当天，我们真的在第四局碰面了，前三局我们都是连胜，气势正盛。这盘棋一开始我不紧不慢地下着，过了一会儿发现对方一心想要赢我，决意要分出胜负。当时我是很有情绪的，如果这时候调整心态的能力不过硬，就会非常容易影响下棋的状态，甚至阵脚大乱。我在很短的时间内调整好了状态，继续按部就班地下棋。而对方目的很明确，就是想赢我，这时候他的心态就会不自觉地"急"一些，俗话说，"欲速则不达"，这种微小的心态变化体现在棋局上往往就会被放大，对方有一步棋出现了明显的漏洞，我一下就抓住了这个机会，逐渐建立起了稳固的防守，最后他见大势已去，无奈提出和棋，但是就棋盘上我的绝对优势来看，我同意和棋显然不符合逻辑，因而赢下了这第四盘。

下完这盘棋我想了想，也理解他，毕竟这种好的机会不是总能有的，他要在棋艺上依靠绝对优势才能有机会进入南开大学。当时南开大学取比赛成绩的前四名，他恰恰排在第五，遗憾地失去了机会。下棋就是这样，有时候强胜、强赢会伴随更大的风险，拼一把、搏一搏会带来不错的结果，但是持续在高风险下走钢丝，也许哪天就会成为压倒骆驼的最后一根稻草。

当时我想争冠军，内心坚信自己就是冠军，争冠的信念支撑着我背水一战，也给了我绝地反击的信心和勇气。很多时候下棋的双方在水平、技战术方面很接近时，拼的就是一个心态。有的时候你不得不争胜，就不能坐以待毙、谨小慎微，要大刀阔斧，所以下棋对孩子的抗挫力真的是一种很好的锻炼方式。

我们管下棋叫手谈，在这个过程当中不用说一句话，就能真实感受到对方是什么样的性格，他有什么意图，他取胜的决心有多强，在他行棋的每一步当中都能有很深刻的感受。我有时候觉得下棋就像天龙八部里的较量，双方会有心理、气场上的对抗，在犬牙交错间一旦气势弱下来了，对方可能随时会抓住破绽乘虚而入，但是你敢于跟对手亮剑的时候，他反而会有所顾虑。外人很容易就能通过一站、一坐的身形和神态辨认出学过舞蹈的人，学过棋的孩子也能散发出独特的魅力与气质。

　　如果双方在竞技水平层面比较接近，往往制胜的关键就是心态上的较量。对于孩子来说，快速调整心态并在规定时间内高质量地下完这盘棋很难，但是只要经历过、磨炼过，孩子的心态提升就会很迅猛。很多平时大家认为竞技水平很高的运动员"爆冷"输掉比赛就是这个道理，他可能无法在心态产生波动后快速调整回来，这恰恰体现了运动员仍须增强抗挫力，而这正是下棋可以带给人们的一项重要能力。

3. 掌控自如的情绪：
对弈高手，成为情绪管理的强者

在竞技层面，下棋非常注重情绪管理。下棋本身是一个特别复杂、特别抽象的竞技游戏，稍微有情绪波动，就可以知道对弈者的水平如何。如果两个孩子下棋，关键点上谁若着急，那么这盘棋谁就可能赢不下来，可见情绪管理是多么的重要。

情绪管理这个话题，之前我录了一条抖音视频，家长在评论里面互动活跃，说明情绪管理非常引人关注。下棋对于孩子的情绪管理要求特别高，我从几方面展开讲讲它的好处。

首先，下棋追求平衡，情绪上要平和，不能激动，孩子下棋不能着急，着急肯定下不好。 下棋如同射击，枪要端稳，扣动扳机时手不能抖，不但要瞄得准，还要不受外界影响。所以，下棋时保持心态平和，做好情绪管理很重要。

其次，下棋还会受一些盘外招的影响。 比如对手和环境，也会使孩子情绪不稳定。正常比赛时，老师和家长是不允许进入赛场的，孩子容易走神，受到干扰。盘外对孩子影响最大的是对手，比如我和高手下棋，情绪紧张，还没下气势先输一半，心态很容易崩溃。我们弈小象有个孩子就是战胜了环境和对手的影响，逐步提高了自己的情绪管理能力。

有一位 7 岁的小男生叫吕墨宸，5 岁开始学棋，在江西南昌生活。墨宸从小和家人下象棋，从而激发了对象棋的兴趣，5 岁时加入弈小象学棋。通过正规学棋，墨宸很快纠正了之前下棋布局的"野路子"，开始注重布局的基本原则，在尽快出动大子、两翼平衡发展、行棋有针对性等方面取得了一定的突破。

很快墨宸就开始参加比赛，一步一个脚印，陆续拿到了很多优异成绩。目前，墨宸参加过大大小小近二十次比赛，两年多的学棋和比赛生涯给墨宸带来的最大收获是对情绪管理的培养。

情绪管理，大家听起来非常熟悉。对于小孩子来说，情绪管理中要求比较高的一点是锻炼"控制感"，它是指人们对周围环境的信念控制能力。棋类比赛中，竞争非常激烈，小棋手很容易受外界环境影响。

在一次比赛中，墨宸和另外一位同学都是争冠的大热门，那位同学早早取得了最后一轮的胜利，结束了比赛。墨宸只有赢下最后一盘棋才能获得冠军，但临场墨宸显然是受到了影响，心态发生了变化，有些急于求成，最后势在必得的赢局被对手逼和，与冠军失之交臂。赛后他与老师一起复盘，发现这盘棋其实自己已经占据优势，只要稳步进取，胜利就是迟早的事。这次比赛之后，墨宸悟出了一个道理：拿冠军靠的不光是实力，心理素质同样重要。

逆商的构成中，"影响范围"也很重要。 高逆商者，往往能够将陷入逆境所带来的负面影响控制在一定范围并将其降至最小。在考试中，很多同学会因为某一科发挥不好，导致后面的考试也背上了"包袱"。下棋也是一样，一盘棋输了，负面的影响就留在这盘棋吧，终究要向前看。

之后的一次比赛中，几轮战罢，墨宸的积分处于非常有利的位置。之后的一盘棋本来是和棋的局面，墨宸不慎超时被判负，非常可惜。接下来的一盘棋，墨宸又中了对方的陷阱，刚开局就陷入落后的局面，夺冠形势岌岌可危。久经沙场的墨宸这次没有受到上一轮失利的影响，顽强地顶住了对方的攻势。对手久攻不下，心态反而出现了变化。墨宸反击得手，赢下关键的一局。"能下顺风局的未必是高手，能在逆境中翻盘的才是英雄。"墨宸同学小小年纪，已经懂得了这个道理。

如果受对手影响，容易亦步亦趋，跟随对方的节奏，对手下快棋，自己也会跟着下得越来越快，这也是一种情绪影响。孩子被负面情绪所感染，情绪容易产生波动。这样的孩子，最开始可能潇洒随意，走到最后发现酿成大错，无论再怎么挣扎，都无力回天，悔之晚矣。

畏难情绪也叫作自我保护，比如发现某个布局或棋谱没有见过，孩子情绪就会转向消极。积极向上的孩子虽然没有见过或听老师讲过，但是会慢一点、稳一点；而有的孩子当场就蒙了，然后发挥不好，这种情绪其实还是和之前讲的自信有关。孩子功底不行，没有自信，就是情绪再好，也下不过对手。

情绪和心理是同一个层次，下棋还得讲求硬实力，然后才是心理。因此我们常说硬实力决定孩子的下限，心理情绪决定孩子的上限。

Chapter 04 对弈是文明的战争

韩国的著名棋手李昌镐，人送绰号"石佛"，他是围棋历史上获得世界冠军最多的棋手，开创了"李昌镐时代"。他为什么能够取得如此辉煌的战绩？这与他的竞技特点有关。

李昌镐外表看上去柔弱，每番与人对战也常面无表情，喜怒不形于色。可他的棋风厚实质朴，基本功扎实均衡，计算精确到位，精通各种战法，他下出的棋很少出错，常令对手感到无隙可乘，其官子功夫号称"天下第一"。

李昌镐对战时的情绪管理工作做得非常到位，他心理素质极佳，棋力冷峻近乎无情，常能在激烈的比赛中自始至终保持极其冷静的心理，就像岿然不动的"石佛"一样，从而使其对手在关键时刻倍感压力，最终丧失斗志。对李昌镐的棋，对手很难找到非常有力的攻击手段。

有些孩子就像李昌镐一样，无论盘内外都不受影响，情绪不为所动，清醒冷静得可怕。这样的孩子有时候感觉像特工一样，冷静沉着，不受情绪影响。但情绪管理对低幼的孩子来说要求还是挺高的，只有高年级的孩子才可能有大将风度，一般10岁以下的孩子遇到难题，脸还是会憋得通红，或是急躁毛糙，哭鼻子噘嘴很正常，让他们做到喜怒不形于色，确实很难。

家长总是希望孩子能够积极，哪怕偶尔沮丧一点也没有关系，总体来说要积极向上，慢慢去管理情绪，做到情绪稳定。

老师在教孩子下棋的时候有一点是相关度非常高的，就是要培养孩子的全局观，学会运用全局思维。一般来说，孩子在初学棋的时候只是在一个小的范围内思考，而后逐渐扩大到全盘，这是一个由局部思维到全局思维的提升过程。我观察过有些孩子局部解题的时候没有一点问题，但是扩大到全盘的时候表现就不尽如人意了。

这个时候老师需要介入并告诉他：第一，不要在意局部的得失，实际上这是我们老师跟孩子在下全盘的时候总讲的一件事。当孩子面对某一个局部的问题时，要通过自己的判断做一个取舍，比如某一个局部救不活了，就要果断放弃，马上关注全盘其他地方，看能不能把握住一些实实在在的东西。有些孩子发挥得更稳定，是因为他在老师的帮助引导下一旦建立了全局观，就不会特别在乎某一个局部的得失。

近代象棋特级大师杨官璘在《弈林新编》有云："善弈者谋势，不善弈者谋子。"史学家薛居正的《势胜学》开篇第一句即为："不知势，无以为人也。" 不善下棋者，只能从"子"着眼，计较局部的得失，结果常常因小失大；善于下棋者，放眼整个棋局，把握发展的"势"。生活亦如此，一个人如果不参透事物发展的趋势，就会缺少处世的根基。

我们都知道狼是靠群体智慧捕猎的动物，但它的智慧不仅仅体现在团队合作，还体现在对"势"的把握上。狼群追赶一只鹿时，若鹿躲进了河中，狼群便会停下脚步。并不是说它不会游泳，而是贸然进攻有两个风险：第一，鹿四肢修长，在水中更容易移动和反击，狼容易被踢伤；第二，狼的四肢相对较短，虽然会游泳，但是会消耗大量能量。于是，狼群会分成两组守在岸边，不主动攻击，只是不时将试图上岸的鹿逼回河中，直到鹿力气耗尽才收网。若狼群将鹿赶到悬崖边，看似鹿已无退路，可往往狼群在这时会停下脚步。因为若继续攻击，鹿可能会选择跳崖，狼有可能会一起坠崖。狼会思考因风险而付出生命的代价是否值得。

君子不立危墙。有智慧的人不会将自身置于险境。三思而后行，谋定而后动，既要攻得出，也得守得住。

下围棋就像高考一样，比如后面有4道大题，一般都是从简单到难，如果第一道题就卡住了，很多孩子情绪就不稳定了，后面那3道也做不好了，或者一直琢磨着第一道题。但是有全局观的孩子遇到这种情况时，他不会因这一道题而纠结，而会先去关注其他题目，从全局的视角去审视这次考试，考试分数整体才是最重要的，有这样一个心态，他的情绪就更容易稳定下来，而且答完其他题后再做这道题也许就迎刃而解了，调整情绪的重要性不言而喻。

另外我发现一个有意思的地方，通过和孩子家长的接触，我能感受到一些家长是敏感的、情绪化的。孩子学完棋后，自身情绪管理合格了，他反而会正面影响家长。孩子在心态上有一个变化后，面对生活中的一些场景，也许看问题的角度和方式比成人更理性、更完善。家长这时候就会想，我是不是太容易着急了？或者说情绪管理不太好？往往这时候家长就会自我反省和思考，与孩子共同成长和进步。

现在很多孩子下棋的时候比较容易急躁，但是下棋越是着急越没有用，反而容易输。无论怎么宣泄，只能缓解你的情绪，对于涨棋没有什么帮助。人生亦如此，哭和闹并不能解决实质性问题，只有稳定情绪，练就强大的能力才能走好自己的人生路。

05 Chapter
棋类是素质教育的万金油与加速器

前面讲了棋类在思维和竞技两个层面上的优势,那么为什么说它是素质教育的"万金油与加速器"呢?因为下棋还包括很重要的一点——文化性。前面我们从时间维度纵向地说明了棋类的发展历程,这里浅谈一下棋类的文化内涵。

1. 规则意识：
棋局规则，培养出孩子的契约精神

（1）围棋。

①围棋通识。

围棋是一项古老的智力运动项目，属于双人对抗性智力游戏，起源于中国，目前在中国、日本、韩国等国家较为盛行。2019年11月，围棋入选国家级非物质文化遗产代表性项目保护单位名单。

古人云："以子围而相杀，故谓之围棋"，可见围棋的竞技性之强；跻身古代四艺"琴棋书画"，可见围棋的艺术性之高。围棋文化内涵丰富，光是名称就有很多种，如春秋时的"弈"，魏晋南北朝时期的"坐隐、手谈"，后又被称为"烂柯、方圆、木野狐"等。

其中，方圆的寓意最容易理解。围棋的棋盘是方形的，棋子是圆形的，对应古时"天圆地方"的观念。古人认为，围棋的棋盘跟河图洛书十分相似，下法高深莫测、意境高远，而且和易理相通，所以围棋也被称为"河洛"。

中国古代围棋名人众多，也涌现出很多专业性著作，例如相传唐代王积薪所作《围棋十诀》，宋代张靖的《棋经十三篇》、李逸民的《忘忧清乐集》，元代晏天章和严德甫的《玄玄棋经》，明代林应龙的《适情录》、陆玄宇父子的《仙机武库》、许谷的《石室仙机》，清代徐星友的《兼山堂弈谱》、施襄夏的《弈理指归》、范西屏的《桃花泉弈谱》等。

中华人民共和国成立后，我国围棋从 20 世纪 80 年代的"中日擂台赛"后快速崛起，一批又一批的高手纵横国际棋坛，代表人物有聂卫平、马晓春、常昊、古力、柯洁等。日本和韩国也分别涌现出很多围棋高手，代表人物有赵治勋、小林光一、曹薰铉、李昌镐、李世石等。两位世界冠军在 2016 年和 2017 年不敌人工智能后，围棋进入"AI 时代"，激励着人类高手不断超越自我，突破极限。

② **围棋规则和简单术语**。

围棋的棋盘由横纵各 19 条直线交叉而成，形成 361 个交叉点，对应农历的 361 天。棋盘上有 9 个圆点，称为"星位"，有观点认为是对应后天八卦图。以星位为基准，棋盘分成四个角、四条边和中腹九个部分。

围棋棋子分为黑白两种，形状为圆形。黑棋有 181 颗，白棋有 180 颗。和中国象棋、国际象棋不同，围棋的执子方法有特殊的讲究：用食指和中指夹住棋子，轻声地落在棋盘的交叉点上（围棋礼仪还包括猜先和让子等）。正式对局中，由执黑棋的一方先落子，双方交替落子，每一方每次只能下一颗子，且落子后不能移动，禁入点不能落子，死子要从棋盘上拿掉。

经过多手棋的较量，双方活棋的交界处不再有空余的交叉点，则视为这局棋的结束。胜负的判断，是根据双方在棋盘上活棋所占的交叉点的多少来决定。在正式比赛中，由于黑棋先落子，一般要给白棋少许补偿，于是便有了贴目或贴子的规则，即先行方须扣除一定分数，以平衡先手优势。

围棋的基本单位是"交叉点"和"气"。气，是棋子生存的根本。围棋的重要模块吃子、死活、对杀等都和气（气数）息息相关。某一方围住了大面积的交叉点，就成了地（地盘）。自己的棋子不仅要有气活下来，而且要最大限度地围出更大的地盘。有了地盘，还要讲究棋形。围棋的棋形不仅讲求效率，而且还讲究审美。布局定式、中盘接触、死活乃至最后的官子，都与棋形密不可分。

（2）象棋。

①象棋通识。

象棋的历史源远流长，是中华民族的文化瑰宝，深受大众喜爱。关于象棋的起源，有很多种说法，目前业界公认象棋起源于中国。早在春秋时期，《楚辞·招魂篇》中就有在楚王宫内下象棋的场面；汉代《说苑·善说篇》中也有孟尝君"斗象棋而舞郑女"的情节。后到了北宋时期，象棋基本定型，棋盘和棋子正式完善。

象棋发展至唐宋时期，经过棋手们的潜心钻研，已经有不少的历史资料。再到明清时期，象棋的发展进入全盛时期，不仅涌现出大批高手，还诞生了大批棋谱著作，有明代徐芝的《适情雅趣》、朱晋桢的《橘中秘》，清代王再越的《梅花谱》等。

中华人民共和国成立后，象棋作为传统文化和智力运动，得到了重视和发展。全国象棋个人赛（锦标赛）从1956年开始举办，还有团体赛乃至后来的象甲联赛，以及著名的"五羊杯"象棋冠军赛。前辈高手的代表人物有（夺得个人赛冠军次数）：上海胡荣华14次、广东许银川6次、广东吕钦5次、广东杨官璘4次、河北李来群4次、黑龙江赵国荣4次、湖北柳大华2次。当代高手的代表人物有（2023年9月等级分排名）：王天一、郑惟桐、赵鑫鑫、蒋川、汪洋、洪智等；女子高手的代表人物有（2023年9月等级分排名）：唐丹、王琳娜、左文静、陈幸琳、梁妍婷、刘欢等。顶尖的竞技水平和雄厚的人才储备，使我国象棋在世界长期处于领先地位。

②**象棋规则和简单术语**。

象棋的棋盘，由9条竖线和10条横线相交组成，共有90个交叉点。所有棋子摆在交叉点上并在交叉点上活动。红黑双方各有16颗棋子，分为7个兵种：帅（将）各1个，仕（士）各2个，相（象）各2个，马各2个，车各2个，炮各2个，兵（卒）各5个。

关于棋子的走法和吃子方法，有以下常见的口诀："马走日字象飞田，车走直路炮翻山，士走斜路护将边，小卒一去不复返。"还有"将军不出九宫内，士止相随不出宫。象飞四方营四角，马行一步一尖冲。炮须隔子打一子，车行直路任西东。唯卒只能行一步，过河横进退无踪"。

一方的棋子攻击对方的将（帅），下一步就要吃掉对方，称为"将军"或"叫将",或简称"将"。被将的一方必须立即"应将",化解自己被"将"的状态。

如果一方被"叫将"而无法"应将",就算被"将死"而输棋。除了被将死,形成"明将"和"困毙"的局面也是输棋。明将即是不允许将帅在同一条竖线上无遮挡直接对面,俗称"对脸、明将",主动造成明将的一方判为输棋。困毙是轮到某一方走棋而无子可动,则算作困毙,也称"欠行",即判为输棋。

除了输和赢,象棋当中还有平局(和棋)的结果。双方都无法消灭对方的将帅,则作和局。比赛规则中,对胜负和有更多的解释,此处不多阐述。

象棋对局中常见的三大阶段是布局、中局和残局。

布局也称开局,是一盘棋的开始阶段,对局双方开始排兵布阵、抢占要点,大致在十几个回合左右,即进入中局阶段。

中局一般是指开局和残局中间的阶段,承上启下,为全局的重要一环,与开局和残局没有明确的界限和划分。中局阶段,双方子力犹强,攻守矛盾集中,棋路变化也较为复杂。

残局是中局过渡而来,双方由残余子力构成的一种局势,也是一局棋的尾声阶段,胜负、和棋往往是在残局阶段决定。

(3)国际象棋。

①国际象棋通识。

国际象棋,也称西洋棋,是一种二人对弈的棋类游戏,作为一项智力竞技运动,它将科学、文化、艺术、竞技融为一体。

根据历史记载，国际象棋作为一种古老的棋类，其发展史已有近2000年。19世纪中叶，国际象棋开始成为一种正式的竞赛。1924年，它被列为奥林匹克运动会的正式比赛项目。

②**国际象棋规则和简单术语。**

A. 关于棋盘

国际象棋的棋盘是一个正方形，由64个小正方形组成，横竖各8个黑白相间的正方形交叉排列，棋子被放置并移动在这些方格中。8条横格分别用小写字母a、b、c、d、e、f、g、h表示，8条竖格分别用数字1、2、3、4、5、6、7、8表示。棋子一般用"字母+数字"的组合形式来定位，白王一定在e1格，黑王一定在e8格；白后一定要放在白格子上，黑后一定要放在黑格子上。无论是白方视角还是黑方视角，棋盘的右下角必须是白格子。

B. 关于棋子

一共有32枚棋子，分为黑白两组，每组16枚，分别是1个王、1个后、2个车、2个象、2个马和8个兵，每个玩家各持一组。随着互联网时代的到来，国际象棋事实上已经进入了平面棋子的时代，国内外大型游戏网站开发的国际象棋游戏也在使用平面棋子。但正式的国际象棋线下比赛必须使用立体棋子。

国际象棋中的王是国家的象征，但不像中国象棋的将和帅必须待在九宫里，到了残局必须"御驾亲征"。

后的名称、性别曾经有过多次奇妙的改变，后来法国人把皇后定为现在的女性角色。

车是从古代的城堡演变过来的，有人说它是火炮，又有人说是战车。

象原意是主教，代表了欧洲中世纪一个很有影响力的社会阶层。

马原意是骑士，代表了欧洲中世纪时受过正式军事训练的骑兵，后来演变为一种荣誉称号，也代表一个社会阶层。

兵如果能冲到对方底线，就会"变身"，战斗力大增，这种文化似乎预示着"不要小看任何一个普通人"。

C. 行棋规则

国际象棋由白方先走，双方每一步移动一枚棋子，轮流行棋，直到游戏结束，各种棋子的一般走法如下。

王：可以水平走、垂直走，也可以斜着走，但每次只能走一格。

后：可以水平地、垂直地或者斜着走，不限格数，但是不能跨越其他棋子。

车：可以按水平和垂直两种方式行棋，格数不受限制，但不能斜着走。

象：只能走斜线且必须是由黑格组成的黑斜线或由白格组成的白斜线，格数没有限制，不能被跨越。

马：大致和中国象棋一样，走"日"字，但没有中国象棋中的"蹩马腿"限制，可以跨越其他棋子。

兵：只能向前直走，每次只能走一格，走第一步时可选择走一格或两格。兵吃子不同于它的行进，可以吃斜进一格内的对方棋子。

除了棋子的一般走法外，国际象棋中还存在下面三种特殊着法。

吃过路兵：如果对方的兵第一次行棋且直进两格，刚好与本方兵横向紧贴并列，则本方的兵可以立即斜进并把对方的兵吃掉，视为一步棋，这个动作必须立刻进行。

兵升变：本方任何一个兵直进到对方底线时，即可升变为除王和兵以外的后、车、马、象中的任何一种，这个动作被视为一步棋，必须立刻执行，升变后按新棋子的规则走棋。

王车易位：每局棋中，双方各有一次机会，让王朝车的方向移动两格，然后车越过王，放在与王紧邻的一格上，作为王执行的一步棋。王车易位是国际象棋中较为重要的一种战略，它涉及王、车两种棋子，是关键时刻扭转局势或解杀还杀的手段。

D.胜负判定

把对方的王将死是国际象棋的对局目的。比赛通常规定一方的王受到对方棋子攻击时，称为"王被将"，攻击方称为"将军"，此时被攻击方必须立即"应将"，如无法避开将军，王即被"将死"。"将军"方赢得比赛。除"将死"外，还有"超时判负"与"和棋"。

2. 文化底蕴：
棋盘文化，陪伴孩子成长的优雅大度

棋类包含许多中国文化的底蕴。单说围棋的话，围棋的黑、白子就代表阴阳二道，棋盘为方、棋子为圆，这是天圆地方，贴合了中国传统哲学里的认知。孩子通过下棋，尤其是中国象棋和围棋，会潜移默化地接触和学习很多中国传统文化，随着时间推移，这些文化会积累和沉淀，展现出一种大将风度，举手投足尽显优雅大气，使孩子获得一笔无价的人生财富。

（1）围棋。

①围棋别名——"烂柯"。

晋朝围棋兴起，令很多人痴迷。衢州有位叫王质的樵夫，有一日在山中打柴时遇到一老一少在下棋。他非常喜欢下棋，就在旁边驻足观看了一会儿，等到对弈快结束时，少年对王质说："天色已晚，你还不回家？"王质低头准备捡起砍柴的斧头，谁知斧柄已烂。他很是奇怪，回到家，见村前屋后已换了天地，与他同时代的人都早已逝去。自此，"烂柯"一词成了围棋的别名。

② "十诀"的由来。

王积薪是唐玄宗时的"棋待诏",这个头衔只有当时顶尖的围棋高手才有机会获得。"安史之乱"时,他跟随皇帝逃往四川。相传有天夜晚,王积薪借宿在一位老妇人家,入夜听得老妇人在床上和她的儿媳妇说:"夜很长,一时也睡不着,咱们来下盘围棋吧!""好的。"儿媳妇回答道。王积薪顿时好奇起来,心想屋里没有灯,躺在床上怎样下棋呢?他侧耳听着。"起东南九放一子。"媳妇说。"东五南十二放一子。"老妇人回答。"起西八南十放一子。""西九南十放一子。"……两人你一言我一语,像VR一样地在凭空下棋,下了三十六着棋后,忽听老妇人说:"你输了,我胜了九路。"王积薪大吃一惊。

天亮后,他忙向老妇人请教昨夜下棋的事,老妇人便与儿媳妇复盘了那局棋。王积薪觉得这盘棋下得十分奇妙,把它叫作"邓艾开蜀势"并带回去认真研究,反复琢磨,棋艺大涨。后来王积薪根据前人和自己的实践经验,总结出围棋的"十诀":一、不得贪胜;二、入界宜缓;三、攻彼顾我;四、弃子争先;五、舍小就大;六、逢危须弃;七、慎勿轻速;八、动须相应;九、彼强自保;十、势孤取和。

王积薪的《围棋十诀》对后世影响十分深远,其中蕴含了多重棋理,也对应人生如棋。

十诀之一:不得贪胜。

通常指在围棋对弈中，一味地贪胜就会让人变得急功近利、心态失衡，铤而走险、勉强争胜，容易留给对手机会，最后吞下败局。

人生道理：在日常生活中，我们不能只关注眼前，做重要的事情更要深谋远虑，步步为营。

十诀之二：入界宜缓。

围棋的"界"，指对方的地盘或势力范围；"缓"为平稳、舒缓之意，打入对方阵势要徐徐图之，不要过于激进和生硬。

人生道理：做事要稳中求进，脚踏实地。面对困难和挑战，我们要积极回应，但绝不是冲动和莽撞。

十诀之三：攻彼顾我。

将要攻击对方时，要想到自己棋形的安危，是否有弱点和缺陷，以及和全局的配合。攻击对方的目标，要想清楚攻击是为了怎样帮助我们发展。

人生道理：在竞争中，我们的眼里不能只有对手，还要审视自身的情况。能做到攻守兼备，才是真正的高手。

十诀之四：弃子争先。

通常指下围棋要从大局出发，通过舍弃失去价值的棋子，抢占攻击和发展的机会。

人生道理：为了抢占先机，我们要适当做一些舍弃。在生活当中，我们为了发展机遇，有必要做优化和减法，来提高效率、争取成绩。

十诀之五：舍小就大。

"大小"指棋的价值，是围棋中关键的价值判断。很多关键时刻，我们要保住价值更高的、更核心的地盘或棋形，不能过于执着局部。

人生道理：在生活中，我们经常要面临取舍，如果太注重细节和微观，很可能会失去更大的全局和宏观。"舍小就大"和"成大事不拘小节"，有一定的相通之处。

十诀之六：逢危须弃。

通常指局势不利、棋形比较危险时，越逃跑可能损失的会越多，或者逃跑会被对方利用。既然如此，不如把这些棋子弃掉。

人生道理：人生中总会面临危险和困境，不是每一次都能全身而退。我们更要懂得及时止损，舍弃沉重的负担、包袱和压力。

十诀之七：慎勿轻速。

通常指下棋时，不要过于主观、完全凭感觉行棋，尤其是关键的局面和节点，一定要深思熟虑才行。

人生道理：做重要的事情，一定要权衡利弊、三思而后行，切不可盲目下决定。

十诀之八：动须相应。

时时刻刻都要将全局的形势放在首位，明白局部和全局的关系，局部要和全局呼应配合，所落棋子要和周围的形势相呼应。

人生道理：大局观和局部处理同样重要，如果能把局部和全局结合起来，局势才更有活力和能量。做人做事亦是如此。

十诀之九：彼强自保。

如果对方强势，就要巩固自身；这时要根据全局的需要，采取积极或含蓄的自保。

人生道理：在生活中我们会遇到很多对手或竞争者，如果对方强势而自己处于弱势，我们不宜与对方正面对抗，先保住自己的根基、韬光养晦，为以后的反击和战斗做准备。

十诀之十：势孤取和。

当己方势力弱时，应采取灵活、调和的方针。

人生道理：在博弈和竞争的过程中，如果我方实力落后，且不容易翻盘，那么平局是我们可以接受的最好结果。

围棋十诀还有更深的内涵，比如棋盘上棋子的动与静、棋形的厚与薄、对战的攻与守等，下面详细展开进行阐述。

围棋的动与静：棋盘上黑白棋子分明，黑白是最单调的颜色，在棋手的世界里却是最绚丽的。棋子落在棋盘上，不能移动，表面上看是静止的。但由于棋子之间相互衔接，在棋手的眼里，静止的黑白世界如同一场轰轰烈烈的战争，动则有形，静则无形，人生亦是如此，动静相宜才能走得踏实。

围棋的厚与薄：棋形有薄厚之虑，人也有强弱之分。棋薄而轻盈，先声夺人，占取先机，却时常因丧失基础，最终成为一盘散沙。厚而扎实，储蓄力量，拼劲十足，有时虽略显拙钝，却如大智若愚。棋能轻而不浮，重而不沉，则知厚薄矣。

围棋的得与失：新手学棋，最喜欢吃掉对方的棋子，一见自己的棋子被吃，便慌不择路。殊不知，废子不被吃掉，反而会成为累赘，要救几颗子，却要投入更多子，则得不偿失。得一小块棋子，却失半壁江山。

围棋的攻与守：下围棋，初学者大多喜欢攻击别人，而不善于防守。因为别人的缺点较易发现，自己的弱点却难察觉，正所谓当局者迷。在攻击别人时，别忘了先防守，否则倒下去的必然是自己。

围棋的连与断：在围棋中，棋子相连，气随之增长。可是，一味地首尾相接，就是拖泥带水，步伐缓慢，有呆滞之感。有时，被断掉的子，也不一定要将它连接起来，要有敢于舍弃的勇气。

围棋的急与缓：有人下棋轻快，落子如飞；有人步步盘算，落子沉重。轻快忌急躁，沉重忌滞缓。急者，易出差错；缓者，易失良机。人生路上，先走的不一定快，后走的也不见得慢。乐观的人，急速前进。悲观的人，缓慢不前。唯独有信心的人，才能悠然行走。

围棋里的知足：下棋绝不能赶尽杀绝，赢一百目是赢，赢一目也是赢。围棋世界里，没有多与少的问题，只有胜与负的问题。人与人的相处，总要给对方留点余地。就算有理，在情分上，也要让人三分。

围棋里的平等：下围棋，你一手我一手，放在棋盘上，犹如落地生根。它和象棋不一样，象棋棋子生来就自带战斗力，每颗棋子都不一样。围棋每颗棋子都是平等的，棋子的力量不在于棋子本身，而是执子之人。不同的人能将相同的棋子发挥出不同的力量来，这就是平等中的不平等。

065

（2）象棋。

象棋文化源远流长，是中华文化瑰宝之一。

①棋子内涵。

帅（将）：在16枚棋子中，地位最高的是它，但自由度最小的也是它。

车：一车十子寒，何人敢叩关？车是横冲直撞一生的斗士、英雄，就连对方的老将也不敢与其打照面，可有时它却倒在小卒的脚下。

炮：炮的威力在于隔子击杀，其威慑力巨大。炮的运用，在于对局中不断调整位置，积累实力，直至对敌人造成致命一击。

马：很多的棋形，无车、无炮皆能完胜，但要是没有马，大优的局面硬是不能拿下。

仕（士）：士坚定地履行自己的职责，誓死保卫自己的主帅，寸步不离。它笑看生死，不惧对手的猛烈炮火和金戈铁马。

象（相）：象的路数，四四方方，稳重可靠。它忠实地看守着自己的一方阵地，用自己厚实的胸膛抵御一切侵略者的进攻。

兵（卒）：过河卒，猛似虎。卒行动虽慢，可谁曾见它退却一步，直至牺牲自己！

"马走日，象飞田，炮打隔山子，将帅不相见"，每一个规则都凝聚着锈迹斑斑的历史故事。棋盘上的"楚河汉界"瞬间能带我们穿越到两千多年前的楚汉争霸，去感受那金戈铁马、气吞山河的历史画卷。

②棋盘上的历史。

A. 红帅黑将

象棋的形成与发展与秦末的"楚汉争霸"有着密不可分的关系。象棋棋子为什么分为红黑两种颜色呢？红色为帅，黑色为将，又称"红帅黑将"。

相传，刘邦任沛县亭长时，曾被朝廷委派去骊山修陵墓。由于监管不力，很多农民逃跑了，刘邦怕担责，看到剩下的农民非常可怜，索性都把他们放走了。这些农民见刘邦仁义，纷纷留下来追随刘邦。可刘邦自己性命都难保，又怎么维护这些农民呢，于是整日借酒消愁。一日，刘邦派人前去探路，探路者回来禀报说："遇一白蛇，挡住去路。"刘邦借着酒劲儿，拔出佩剑，斩杀白蛇。这时路过一老妇，痛哭流涕道："我儿是白帝之子，化作白蛇来此游玩，怎料被赤帝之子斩杀。"老妇说完倏地不见了踪影。刘邦则暗自欣喜，自从斩杀白蛇之后，就以赤帝之子自居，因此他把军中旌旗的颜色也改为赤色，期待有朝一日取秦而代之。

项羽是楚国名将项燕之孙，他从小仰慕秦始皇，欣赏其霸气，自称"楚霸王"。秦朝视黑色为国家尊崇的颜色，因此秦人的军旗、衣服都是以黑色为美。项羽也奉黑色为正朔，他的衣服、披挂、军旗及胯下乌骓马都是黑色，因此"红帅黑将"分别代表刘邦、项羽二人。刘邦代表红方，项羽代表黑方，界定了象棋的红黑棋子争霸。

B. 楚河汉界

象棋的棋盘上出现"楚河汉界"是因为刘邦和项羽的楚汉争霸而来的。

刘邦和项羽早期结为异姓兄弟，共同举义旗推翻秦朝统治，约定谁先入咸阳便拥立谁为王。项羽实力雄厚，拥兵40万余众，而刘邦实力弱小，仅有几万兵卒。公元前205年，刘邦率兵东出函谷关，趁项羽伐齐之际率兵攻入楚国都城，项羽闻讯回兵与刘邦展开激战。

项羽兵勇力战，汉军被打得溃不成军，刘邦率小部分人突出重围，随后又召集残部，卷土重来。两军在荥阳开战，一时难分胜负，双方打了四年，最终仍未分胜负。随后双方约定，以鸿沟为界，中分天下。因此历史上把这条鸿沟定名为"楚河汉界"，这也就是象棋棋盘上的"楚河汉界"。

C. 将帅不相见

象棋对弈时，将帅不能直面相对，中间若没有任何棋子，造成这种局面的那一方判负。

有一次项羽和刘邦交战，刘邦守城不出，项羽急于攻城却毫无办法，于是绑来刘邦的父亲，欲烹之来威胁刘邦，并声称刘邦不出城投降就杀了其父亲。刘邦却无动于衷，他深知项羽脾气秉性，并慷慨激昂道："你我既为异姓兄弟，我父亲也是你父亲，如若烹之，也请分我一杯羹。"

项羽被刘邦的行径气得咬牙切齿、怒火中烧，但也无可奈何，最终只得放了刘邦的父亲。项羽本来阵前骂战，结果刘邦反唇相讥，项羽搭弓射箭，一箭射中刘邦胸口，鲜血眼看就要飞溅，刘邦赶紧用手捂住，生怕部下看到乱了阵脚，导致军心涣散。

刘邦故作镇定，大声疾呼，一时稳住军心，张良见状觉得还不够，于是引刘邦在军中转了一圈，然后才扶刘邦回军帐中疗伤。自此，楚汉争霸中，双方主帅不再同时出现在战场上，以防敌方偷袭，这也成了象棋的规则。

象棋凝结了两千多年的文化精髓，棋盘上的规则再现了楚汉风云这波澜壮阔的历史画卷。

（3）国际象棋。

①欧拉的"骑士猜想"。

有一种说法，说西萨·班·达伊尔发明了国际象棋，古印度舍罕王打算奖赏他，问他想要什么，达伊尔请求国王在棋盘第一格赏他一个麦粒，第二格两个，第三格四个……以此类推，下一格比上一格多一倍。国王计算后发现，摆满棋盘需要的麦粒数简直是个天文数字。

虽然上面的故事中用麦粒很难摆满棋盘，但有一位数学家用一匹"马"走遍了棋盘，他就是瑞士数学家欧拉。欧拉是我们数学课本里的老朋友，相信"七桥问题"是很多朋友的记忆。

国际象棋中"骑士"接近中国象棋中"马"的"日"字走法。

欧拉想，假如这个"骑士"从棋盘任意一格开始，能不能不重复地走遍所有的黑白格？当然，他最后证明出这是可以实现的，这个有趣的推演被称为"骑士巡游"，感兴趣的朋友可以试试，而且走法不止一种。

国际象棋的下法曾发生过巨大变化。这与世界文化发展有着密不可分的关系。在过去，皇后并不是像现在一样可以不计格数地斜着走，它每次只能斜向移动一个方格，且双方的皇后只能在不同颜色的方格上行走，所以她们永远不会相遇，这是否体现了女性在社会地位上的提升？在过去，士兵在第一次移动时只能前进一格，而不像现在可以选择前进一格或两格，"小角色"越来越得到重视。曾经，当一名士兵到达对方棋盘的底线时只能晋升为皇后，而不能是其他棋子。曾经，黑色和白色方格之间是没有区分的……

② 骑士"七艺"之一。

大约在10世纪，阿拉伯国家涌现出许多著名的国际象棋棋手。世界名著《一千零一夜》中就提到哈里发·霍鲁纳·拉希德的宫廷诗人中有一位著名的棋手。

大约10世纪以后，国际象棋通过阿拉伯人传播到欧洲的各个地区，首先传到意大利，然后传到西班牙和法国。11世纪末，它传遍了整个欧洲。在当时的文献中，国际象棋被列为骑士教育的"七项技能"之一。"七艺"包括骑马、游泳、射箭、击剑、狩猎、诗歌和象棋，类似中国周朝贵族教育体系里的礼、乐、射、御、书、数这"六艺"。

关于国际象棋的属性或定义，国外已经进行了长时间的争论。前世界冠军、曾两度担任国际象棋联盟主席的尤伟曾在一本书中说过，国际象棋是竞技、艺术和科学的融合，其中，体育运动约占 50%，艺术和科学各占 25% 左右。这种观点很有代表性。它既有身体劳动，又有智力劳动，可以说是一项综合性非常强的竞技项目了。

③小国象大道理。

A. 学会舍弃

一个标准的国际象棋棋盘由 64 个格子组成，白色格和黑色格各 32 个。在实战中，棋手往往为了达到战术目的而放弃一些棋子，但是有一个棋子是绝对不能放弃的，那就是"国王"。人生也是如此，面对种种利益，只有学会正确地取舍才是一种大智慧，但是如人格尊严、法律和道德底线是我们应该守护好的"国王"，不能随意舍弃。

B. 正视小人物的存在

中国象棋中的"兵"和"卒"在没有跨过楚河汉界时的实力不强，但是一旦跨过，可谓"横着走"，威力大增。国际象棋也是一样，"兵"不是只充当"炮灰"的角色。随着棋艺的不断提高，人们会发现原来"兵"的潜力如此巨大，尤其是残局，往往会起到扭转战局的作用。折射到人生也是一样，我们不应该忽视身边一些小人物的存在，因为他们的潜力同样不可估量。

C. 学会相互协作

国际象棋中,"象"永远是沿着同色格斜线进退,格数不限,但不能转向。对局开始时,双方各有一对象,一个放置在白格,另一个放置在黑格。白格象只能在白色格中行走,不能对黑色格产生任何影响,黑格象则反之。通常一只"象"的威力并不大,但如果有一对"象",就能在黑白两种格上来去自如,在进攻中发挥超常的作用。同样,每个人都不是一座孤岛,单打独斗只能体现个人优势,团队协作可以使成功的概率翻倍,释放出更大的能量。

法国启蒙思想家伏尔泰对国际象棋有很高的评价。他说:"国际象棋的规则是在人类法则中最公正、最清楚明白的,并且得到严格的遵守和执行。"

德国哲学家叔本华也许说得更透彻:"生活犹如棋局,我们制订一个计划,但是这个计划却往往取决于对手在棋局中的所作所为和在生活中的命运。"

美国思想家富兰克林对国际象棋更是情有独钟,他于公元1783年写过一本书——《国际象棋之道》。他说:"国际象棋游戏可以赋予我们一生拥有的优秀品质,即有预见性、明智、审慎和坚持不懈。"

3. 智慧人生：
棋如人生，潜移默化增长孩子的进退智慧

下棋还蕴藏着很多人生的智慧。古语有言：临杀勿急，稳中取胜；一招不慎，满盘皆输。英国实验心理学先驱查尔斯·爱德华·斯皮尔曼说过：如书籍般走开局，如魔术师般走中局，如机器般去走残局。很多人有贪心，总想得，可是后来他发现失去的更多，这都是人生的道理。

人生如棋，落子无悔，相信每一个下棋的人都曾有过这样一种痛彻心扉的领悟：在局势一片大好的情况下，只因错失一子，最后优势尽失，处处被动。这便是人生，在走每一步路时，人都应该想清楚，因为人生的路不能回头。

一着不慎，满盘皆输，下棋中每一步都决定着大局的走向，成败得失往往就在一念之间，故每一步都需谨慎。走一步看一步是庸者，走一步算三步是常者，走一步定十步是智者。宁失一子，不失一先。不管做什么事，都应该放眼千里之外，而不是只顾着眼前的利益。必要时也可以牺牲小的利益，以顾全大局。下士下棋为吃子，中士下棋为占地，上士下棋为悟道；下士人生为趋利，中士人生为避害，上士人生为智慧。

观棋不语真君子，落子无悔大丈夫，这便是为人处世的基本原则。在很多事情上，不同的人有着不同的观点，所以不要

轻易去指点或评论别人。小聪明可以让你赢下一盘棋，侥幸却无法让你赢一辈子。大智慧可以让你输掉一盘棋，醒悟却可以让你的一生受益。

钱大昕是清代史学家、文学家、教育家，被誉为"中国十八世纪最为渊博和专精的学术大师"。他学识广博、才智过人，私下喜欢围棋。

一次他去朋友家做客，正赶上朋友同一位客人在下围棋，两人下得难解难分。钱大昕常常同人对弈，自然凑过去看看热闹。不一会儿，那个客人走错了一步棋，渐渐地处于劣势，棋子逐渐被对方吞食。客人满头大汗，而朋友越发得意。钱大昕在一旁嗤笑之余连连给客人出招，客人没有理会他。钱大昕心想：这人怎么不听劝啊，这么下肯定输，用我的高招保准赢。不一会儿，那位客人无奈地认输了。

这时，朋友对钱大昕说："你和这位客人下一盘吧，随便玩玩！"钱大昕对自己的实力还是很有信心的，尤其是了解这位客人的水平之后，于是便和那位客人南北坐定，客人说："请你执黑子先下吧！"钱大昕一听，心想：就你那两下子，还让我先走？看我怎么赢你！嘴上却说道："那我就不客气了。"顺手拿起了一个黑子下到了星位上。

两人你一子、我一子地下了起来。客人前几子的布局没什么新意，都是常规的套路，钱大昕越发不以为然。但是下着下着，客人的棋犹如一张大网把钱大昕的黑子包围起来，钱大昕的处境顿时困难起来。客人围而不攻，但却步步杀机，逼得钱大昕不知往哪儿落子好，眼见棋盘上的黑色越来越少，原来他想好的"高招"都用不上了。还没到中盘，客人已占据了绝对优势。钱大昕见败局已定，羞愧得满脸通红，一句话也说不出来。朋友看了，安慰他说道："没关系，没关系，胜败乃兵家常事嘛！"

从此以后，钱大昕再去观摩别人下棋时，就不出声支招了，只是默默地观看而已。他深有感触地说："做学问也同观棋一样，读古人书好挑剔古人的毛病，同当代人在一起喜欢指出别人的缺点，这是很不好的。人不可能没有过失，心平气和地换位思考一下，自己真的没有一点过失吗？"他在《弈喻》中告诫后人"观人之失易，见己之失难"，要懂得宽容仁厚。

胜败乃兵家常事，这是一种心态，亦是一种境界。成败是非转头空，古今多少事，都付笑谈中。笑看输赢，方知人生真理。当局者迷，旁观者清，这是一种启迪和警示。很多时候，往往只有走出局外，才能真正地看清格局。不能退出局外，便永远只是棋局之中的一颗棋子。

小小棋盘之间，风云变幻。舍弃是围棋取胜的秘诀；舍得是人生成功的智慧。有舍才有得，会舍才会得。舍得之道，乾坤奥妙。我们既要总揽全局寸土必争，关键时刻又需要壮士断腕、舍城弃地的勇气和魄力；既要随机应变，来应付不断变化的局势，又需要保持固有的原则和立场，不迷失前进的方向；既要随缘而进，建功立业，又要顺势而退，明哲保身。

人生如棋，棋子犹如角色转换的定位，每一枚棋子都有属于自己的位置。 人们在社会生活中扮演着不同的角色，每个人的角色只有分工不同，而无轻重贵贱之分。只要抱定坚定的信念，在平凡的工作岗位上，同样可以成就一番事业。平凡中一样可以孕育伟大，平凡中一样可以铸就辉煌。

　　下几年棋的孩子并不是说就能成为儒家所说的君子或圣人，但下棋真正带来的层次提升使厚植中国文化底蕴的孩子绝对配得上"文化自信"这四个字，这比单纯学习古诗词培养文化自信要更真实、更受用。下棋给孩子带来的思维性和竞技性上的提升是实实在在的，但在文化层面的升华是更无形的上层建筑。

　　下棋是要分胜负的，分了胜负才算终局。但下棋的最终意义并不在于输赢，不是看一个人的棋力，而是看下棋人的才智。

　　下面以谢安下棋的故事来说明，下棋人的才智过人之处。

　　前秦皇帝苻坚率兵百万进攻东晋，引得朝廷震荡。但东晋宰相谢安却只有八万兵马，而且他听闻前秦进犯东晋，却邀一众亲友在山中游玩下棋。很多大臣不明就里开始为东晋的安危担忧起来。一天夜里，谢安突然调兵遣将，提前排兵布局。几天后突发奇兵，将入侵之敌打得溃不成军，赢得了淝水之战的胜利。捷报传来，谢安正在与客人对弈，只是扫了一眼战报，顺手放在旁边，未动声色。客人们纷纷询问战事如何，这时他才缓缓答道："小儿辈大破贼！"直至下完棋，人们回到内室时发现他木屐上的齿碰折了，这断齿才算透露出他的一点喜色。谢安胸有成竹、镇定自若的神采正是从围棋中修炼出来的。

这局对弈，虽未言明谁胜谁负，也不知双方棋力高下，但是谢安的神态举止及缓缓道出的那句话，足以证明淝水之战的历史走向。战前想必谢安也没有把握战胜前秦，但是通过与来客下棋，内心虽翻江倒海，但表现却波澜不惊，足见他的定力非常人所比。

我反对人们把下棋狭义地定义为一个只论输赢的竞技运动，它还是对一种信念的坚持。举例来说，日本有两个棋派，一个叫求道派，追求文化和智慧，下一手好棋，它包含了很多精华思路；另一个叫胜负师，不考虑这盘棋赢得漂不漂亮，结果导向，能赢就行。现在世界上普遍流行的是胜负师，就像足球的防守反击流派，简单、直接，不追求场面多漂亮，只要能赢就是硬道理，求道派就渐渐式微了。

现在很多日本棋手还是求道派，执着于"只要这辈子打通任督二脉就行了"，而韩国棋手更多地倾向于实用的胜负之道，这也是宏观文化性的一种体现。

4. 修炼格局：
棋有棋道，培育孩子不同凡响的认知能力

格局来源于棋盘，以达到博弈的目的。成大事者，心中须有大格局，所谓"每逢大事有静气"，遇事处变不惊，沉着应对，不慌不乱，是一种难得的气质。孩子从小学棋能够掌握棋理，提高认知，修炼格局，是成就人生事业的关键基础。

晚清政治家、军事家、理学家曾国藩说过："谋大事者，首重格局。"

据记载，民族英雄左宗棠很喜欢下围棋，下属都不是他的对手。

有一次，左宗棠领兵出征，途中经过一个茅舍，他看见门梁上挂着匾额，上面赫然写着几个大字——"天下第一棋手"，左宗棠觉得写字的人好大的口气，他对自己的棋艺很有自信，于是入舍与主人连下三盘，都赢了。

左宗棠笑道："你可以把门口的匾额卸下来了！"随后，他自信满满、兴高采烈地走了。

过没多久，左宗棠班师回朝，恰巧又路过这里，他好奇地找到那间茅舍，见门口依然挂着写有"天下第一棋手"的匾额，顿时来了兴致，决定再教育教育这家主人，于是又入内，与主人下了三

盘。这次，左宗棠三盘居然都输了。

左宗棠大感讶异，问茅舍主人："为什么前后两次水平差异这么大？"

主人答道："上回您有任务在身，要率兵打仗，我不能挫您的锐气，现在您已得胜归来，我当然要全力以赴，当仁不让啦。"

真正的高手是"能胜，但不一定要胜"，有谦逊的品格和博大的胸襟。人生又何尝不是这样呢？有些时候"输"比"赢"更能获得别人的尊敬。聪明的人更在乎得失，智慧的人则敢于放手。

下棋讲究布局，讲究大局观，格局大了，人生事业就顺了。《孙子兵法》里说："不谋全局者，不足以谋一域；不谋万世者，不足以谋一时。"这世上聪明人很多，而既聪明又有大局观的人并不是很多。雷军之所以能抓住时代的每一个风口，成就自己的人生与事业，正因他的眼光长远。

小米科技创始人雷军小时候爱好围棋，他曾发微博说在自己所在中学获得过围棋冠军，当年尤其崇拜棋圣聂卫平。作为小米科技的创始人，2007年的那次英明决断，体现了他的围棋之道中的取舍与大局观。

2007年，雷军决定离开金山公司，虽然在金山坚守了16年，他以为凭自己不服输的精神能够力挽狂澜，改变金山的发展命运，但是时运不济，金山执着于软件开发而错过了互联网发展的黄金期。懂得围棋取舍之道的雷军，没有在金山继续"恋战"，果断离开金山，开创了小米科技，终于赶上了移动互联的风口，成就了小米的辉煌。

围棋锻炼了他的大局观，知进退懂取舍，在后来的投资路上，也有很多与下围棋相通的地方。IT观察人士林军曾说过，雷军做天使投资遵循了"金角银边"的围棋理论，"移动互联网是金角，电商是银边，在移动互联网和电商领域，雷军先后投出了乐讯、UCWEB、凡客、乐淘、尚品网等多个案子，至于小米，则是雷军决战中盘的大龙"。

雷军的经商投资之道，暗合了很多围棋棋理，无论是果断放手金山、另辟蹊径开创小米，还是投资众多企业，这都与他爱好围棋的经历是分不开的。

我很欣赏一句名言："高度不够，看到的都是问题；格局太小，纠结的都是鸡毛蒜皮。" 人生中会遇到各种各样的问题与困难，就像对弈中每一步如何走，你能看到未来的多少步，就是你对弈能力高低的体现。从小学棋的孩子能够锻炼出远视且看清趋势、布局未来的能力。

《哈利波特与密室》一书中有这样一个精彩的片段。

哈利与同伴赫敏、罗恩一起寻找校长邓布利多守护的魔法石，魔法石被霍格沃茨学校的教授们设下的层层关卡保护着，哈利一行人在某处遇到了麦格教授设下的巨型巫师棋残局，它的规则参考国际象棋，每个棋子都被施了魔法，像有生命一般，而哈利和伙伴们必须以某个棋子的身份代入棋局，破局才能通过关卡并前往下一个地点，但是如果控制的棋子被吃，自己的安全也会受到威胁。

哈利虽有"主角光环"，赫敏号称"天才少女"，但二位棋艺不佳，于是重任落在了巫师棋高手罗恩的身上。哈利和赫敏听从罗恩的安排，分别站到了"主教（象）"和"城堡（车）"的位置，而罗恩则骑到一个"骑士（马）"的马背上。

棋艺高超的罗恩带着两个"菜鸟"逐渐稳住了局势并朝着胜利前进。这时，出现了一个进退两难的局面：哈利控制的"象"下一步有可能被对方的"皇后"吃掉，罗恩可以救下他，但是之前积累的优势可能会荡然无存。

这时，罗恩做了一个重大的决定：移动自己的棋子到对方"皇后"的射程之内，迫使对方攻击自己，这样哈利和赫敏就能合力将对方"将死"。这样做完全把自己置于危险的境地，但是可以使哈利他们顺利到达下一地点。哈利他们拗不过他只好同意了这一飞蛾扑火的行为，按罗恩的指示顺利通过了关卡。虽然罗恩牺牲了自己，被对方"皇后"打晕，失去了继续追寻魔法石的资格，但是在事件过后复盘时他被校长点名表扬他的"骑士精神"值得所有人学习。

罗恩的闪光点并不仅仅体现在他的棋艺高超，更可贵的是他胆识过人、高瞻远瞩的格局，这也是学棋可以带给孩子的一个最重要的能力。

"人生如棋，棋如人生"，这是我从四五岁的孩提时代接触象棋开始，三十年学棋、下棋、教棋的深刻体会，开局、布局、做局、破局，看似云淡风轻、波澜不惊，实则千变万化、万般智谋。汉语中那些精彩的谚语就是最好的证明：举棋若定，全局在胸；一着不慎，满盘皆输；步步为营，进退自如；方寸之间，棋脉相连；举棋不定，落子无悔；当局者迷，旁观者清；丢卒保车，丢车保帅；棋逢对手，将遇良才；棋高一着，缚手缚脚……

我希望有条件的父母都可以让孩子爱上下棋、喜欢对弈，国学大师南怀瑾说："能控制早晨的人，方可控制人生。"什么年岁学棋都可以，但是在孩童时期就开始学习下棋，对孩子智力的启迪和认知能力的提升是最好的。

人与人之间的差距就在于格局、认知能力的高低。

06 Chapter

两个铁三角：孩子如何学好下棋

大物理学家爱因斯坦说过，兴趣是最好的老师。如果孩子对一件事情感兴趣，那么他一定特别积极地想干好它。学棋也一样，了解了孩子学棋的各种优势和好处，这一章我们主要围绕孩子如何学好下棋展开阐述。我们首先从培养孩子兴趣入手，然后到活学活用找到乐趣，最后建立孩子的志趣。

1. 兴趣：兴趣是孩子最好的启蒙老师

孩子学棋的启蒙阶段很重要，一个好的启蒙老师能够迅速培养孩子对学习下棋的兴趣。启蒙老师针对孩子特点，了解哪个阶段孩子需要什么，然后循循善诱加以引导，但又不能让孩子把所有的潜力一下子迸发出来，要有一个循序渐进的过程。

著名物理学家杨振宁教授说过，成功的秘诀在于兴趣。没有谁天生就是世界冠军，启蒙老师在孩子初学阶段的引导任务尤为重要，要做好三个层面的培养。

第一是好习惯的培养。现在孩子智力都相差无几，但习惯却有偏差，比如下棋时有一些不好的小动作或小习惯，无形中会影响孩子的发挥。这就需要老师及时矫正，让孩子培养真正的好习惯。

第二是培养学习和思考的状态。好习惯的养成得益于启蒙老师先引起孩子爱学棋的好习惯，这就是兴趣的培养。培养孩子学棋时不断思考、深入学习的状态，给孩子一个学棋的氛围，让他认真学习，独立思考。学棋是一对一的运动，和篮球、足球这种团体运动不同，它讲求一个人的独立思考，全凭孩子自己运筹帷幄，家长和老师都帮不上忙。因此，培养孩子学习和思考的状态非常重要。

第三是《易经》中讲到的"蒙以养正"，教给孩子一些正规教育的内容。我是"野路子"出身，所以对正规教育的好处深有体会。"野路子"很多当时觉得是对的，但是越往后越觉得专业的才是正确的。这就好比NBA和街头打野球，街球看似酷炫，有的时候也能赢一两个球，但是真正到NBA打比赛，高下立判。大家都知道一句名言：不要拿自己的爱好挑战别人的专业。下棋也是这个道理，除非家长是专业教练，孩子要想取得长足的进步，我们还是建议家长带孩子参加专业机构的培训。

蒙以养正还能够帮助孩子建立正确的价值观。价值观对于一个孩子学棋是非常重要的。比如很多象棋爱好者对战，以吃光对手棋子为赢，这个价值观理论上看是正确的，但实际上这种下法是错误的，需要老师予以纠正。孩子明确正确的价值观后，老师再给予相应的思路，后面孩子才会突飞猛进，有更大的发展。

孩子自学比不上专业的教育，我小时候自学两三年和大人对战，有的时候也能赢他们，可看似赢了，其实是在走捷径。学棋没有捷径可走，一定要踏踏实实一步一个脚印，培养兴趣习惯，才能走得更远。

孩子对事物产生兴趣后，能不能坚持下来，这对能走多远显得尤为重要。坚持下来究竟难不难？我用棋类思维阐述我的观点：总的来说，学棋分为三个阶段。第一个阶段，孩子刚开始对下棋产生兴趣的时候，要让他感受到被关注，具体讲就是老师一定在启蒙阶段给孩子更多的正向反馈和正面引导，一定要跟孩子充分互动交流。完全应用人工智能，让孩子学习AI课程，可不可以？我觉得不现实，因为点亮孩子、激发他主动思考，

还是需要老师来传递，可以借助人工智能，但是不能完全用 AI 取代。所以我们一直强调培养孩子兴趣第一步就是让他感觉到被关注。

在我们弈小象有一个孩子就是这样的典型。

周天盛，9 岁男生，7 岁开始学棋，在北京生活。

由于家里人会下棋，天盛同学很早就接触了象棋，7 岁正式到弈小象学棋，再加上有一定基础，前期他进步很快。短短两年的学棋生涯，天盛同学已经拿到了五级棋士的荣誉，并将继续向前发起冲击。天盛同学在弈小象的内部比赛中长期处于第一集团；在北京市中小学机器人象棋比赛中跻身三甲；在北京市少年象棋赛也名列前茅。

大概学到半年的时候（学习进度较快），天盛同学的问题出现了。那时正是残局衔接到布局、布局再到实战的阶段，他开始觉得枯燥乏味。天盛觉得，学的残局定式在实战中根本用不上，而且老师教的正规布局在下棋时也发挥不出来，对手往往不按套路行棋。

这时，老师给予了天盛同学关键的指导和启发：残局定式是胜负的基本公式和底层逻辑，是棋力的根本。有一次网络对局，形成了马兵对单缺象的必胜局面，天盛先吃住对方单象，再用兵换双士，最后单马擒王获胜。因为懂得最基础的单兵和单马的残局定式（公式），天盛轻松取得了胜利，慢慢也领悟到了棋理和价值观。从此以后，天盛开始对思考问题、发现问题本质产生了浓厚的兴趣，无论是学习和阅读，都有很大的帮助。

在学棋之前，天盛同学虽思维敏捷，但平时有些不善言谈。在弈小象学棋的两年中，天盛从谨言慎行的木讷小孩蜕变成谈笑风生的翩翩少年。在课堂上，他会踊跃回答问题，清晰表述自己的思路和观点；在复盘时，他能和老师积极互动，分享临场的思路和心态；在指导妈妈下棋时，他能把知识和逻辑讲得头头是道；在学校和同学们交流时，他变得侃侃而谈，乐于分享自己学棋的经历和收获。

天盛同学在学习过程中深刻感受到了象棋的魅力。象棋具有高度策略性和战术性，每一步棋都需要认真思考和判断，特别能锻炼人的思维能力和全局意识。此外，他还学会了如何调整心态，在面对输赢时保持平和的心态。在未来，天盛同学会继续努力学习象棋，争取在象棋技艺上取得更大的进步。同时，他也建议同学们在课余时间参加一些有益的学习班或兴趣小组，培养兴趣爱好，拓展知识和技能。

孩子进入专业机构学习，家长能够起到什么作用呢？实际上，孩子能否坚持下去，家长起着非常关键的作用。

除了老师，家长在这一阶段需要提供适当的陪伴。比如陪他摆一摆棋，看一看棋，虽然你可能不懂棋，但是从行为上给孩子一种支持，对他的兴趣培养也是很重要的。

在第一个阶段学习是比较重要的，之后进入第二个阶段，关键词是被认可。孩子在第一阶段被关注后，他的兴趣度就会提高，在需要被认可的时候，要拿到一次官方的认证，怎么做呢？

答案是鼓励孩子考级。

虽然初级认证的含金量没有那么高，比如我小的时候拿到了一个区级比赛的成绩，说实话没有什么含金量，但是拿到一次官方的认证对于我当时树立自信心帮助很大，所以我鼓励让孩子先得到一次阶段性的结果。

在这一阶段，家长的任务是从适当的陪伴慢慢变成了监督。老师会给孩子一些训练方法，关于考级规划也会提供一些官方比赛的训练环节，家长这时候要适当监督，同时跟老师保持好充分的沟通，这点很重要。拿到一个官方的认证后，孩子的信心就会不一样，兴趣也从外驱变成内驱，内动力更强。

第三个阶段是帮助孩子建立胜利者心态，我习惯叫"找到赢的状态"。我之前看过浙江大学胡海兰教授做过一个实验，对我启发很大。常规来说，身体强壮的小白鼠肯定能 PK 掉较弱的同类，但是胡教授让一只弱小的小白鼠在一个 PK 持续胜利的状态下跟一只很强壮的小白鼠 PK，PK 前给这只弱小的小白鼠安排很多比它更弱的同类，它就能一直保持胜利，它原本面对强壮小白鼠时是根本没有胜算的，但是在之前持续胜利的过程中形成了一种胜利者的心态，再去和强壮小白鼠 PK，得到的结论很可能就不一样了，它能够战胜之前突破不了的瓶颈。

胜利者心态，这个词我觉得特别好，下棋如何培养孩子的胜利者心态呢？在一个领域让他赢超过 6 次，就会激发出孩子更多的潜能，但这个数据不是绝对的，因为更重要的是要教会孩子怎么从输到赢。

作为老师，要帮助孩子复盘，让他知道每一次的对局无论胜负，都可以提升自我、超越自我，这叫成长性思维。家长要从第一阶段的陪伴，到第二阶段的监督，然后到第三个阶段的鼓励。我建议家长给孩子营造一个平和的环境，千万不要输了就批评、责备，这对孩子培养兴趣没有益处，这个时候一定要鼓励他，同时要创造赢的环境，换个思路，目前的难度一直赢不了，那就把难度下调或换个对手。棋逢对手才会有输有赢，才能唤醒孩子学习的兴趣。家长经常跟我讲，孩子下到某一段就赢不了了，我说你给他调低一级，让他回去再找赢的状态，否则他天天下这一段赢不了，就不想下了。很多家长后来发现把AI的等级下调，让孩子在持续胜利的状态下再面对这一段的时候，很多孩子就突破了，这还真是一个奇妙的现象。在胜利的过程当中突破原有瓶颈的概率更高，这就是胜利者心态的概念。

学习的兴趣对于孩子来讲，就是让他感受到被关注，然后到被认可，最后到建立胜利者的心态，这套理论不仅仅适用于学棋，孩子做任何事的兴趣度培养都可以借鉴。

2. 乐趣：乐趣是孩子快乐进步的源泉

如果说启蒙老师在早教阶段帮助孩子培养兴趣，那么进入专业学习阶段，就该由专业老师培养孩子学棋的乐趣。这一阶段专业老师的作用要发挥出来，要和孩子进行交流，这时的孩子有了一定的基础，需要和老师交流心得体会，和同学切磋，找到学棋的乐趣。

交流的形式主要有两种，一是老师鼓励、引导孩子来表达和演示。棋类教学的过程中，发言的同学需要讲清楚双方的思路和变化，看起来要求很高，只要老师稍加引导或提示，给予鼓励和信任，孩子就能很好地表达自己的想法，或在棋盘上精确地演示。二是模拟对战，同学来扮演一方，老师来扮演另一方，双方都依靠心算来交流，棋盘上不动一颗子。局部的心算对孩子的信心提升帮助很大，熟练的同学甚至可以和老师下几步盲棋（双方不看棋盘而只报棋谱完成对局）。

我们弈小象的黄赞祺小朋友就是这样逐步从兴趣到乐趣的。

黄赞祺，8岁，男生，在泰国生活，6岁开始学习国际象棋。

泰国的国际象棋氛围不错，赞赞刚接触它就产生了浓厚的兴趣。经过妈妈朋友的推荐，他来到弈小象学习，并参加了一对一的定制课程。

一般来讲，我们并不建议学棋初期采用一对一的模式，容易揠苗助长，或让孩子感觉枯燥乏味。可贵的是，赞赞表现非常突出，不仅每周要上好几次课，而且在不耽误学业的情况下，课后还能完成充分的训练和实战，棋艺水平提升很快。

在两年的学棋生涯里，老师们为赞赞设计了个性的教学计划，包括布局体系、中局战术、残局技巧，配合实战复盘来提升棋感和计算力，再辅以教材来巩固知识，夯实基础。赞赞在泰国举办的几次比赛中都取得了不错的成绩，这是一个成功的开始，我们相信他可以从容面对未来更多的挑战。

学棋的同时，赞赞也收获了更多的乐趣。子曰：学而时习之，不亦说乎？每次课上学习的知识，尤其是中残局的战术，赞赞在课后复习时都会有新的理解，达成理解性记忆，并在解题和实战中活学活用，这份学习的快乐是他童年最珍贵的收获。

可以想象，一盘棋局错综复杂，如果一方判断有误，一步棋就可能酿成大错。经过几次比赛的历练，赞赞对形势的判断更加清晰，在比赛中能够临危不乱、沉着冷静，而这份果敢也投射到了赞赞的生活当中，每每遇到问题先分析判断，努力发现问题的本质，显示出了超出同龄人的成熟和睿智。

赞赞在泰国因下棋结识了很多同学和好朋友。"有朋自远方来，不亦乐乎？"泰国的每场比赛后，赞赞都会和对手复盘，一起讨论棋局的变化，有机会大家继续切磋交流。在假期，赞赞还会和国内的同学线上约战，或者跑到 CHESS.COM 挑战世界各地的棋手。

独乐乐不如众乐乐。赞赞棋艺越来越高，虚心学习的同时还当起了"小老师",分享自己的知识和快乐。在学校的课余时间,赞赞会给班里同学讲解国际象棋的小知识和简单棋理,指导大家下棋,现在已经收获了不少"粉丝"。

如果说兴趣是学习的起点,那么乐趣一定是成长的能量源泉。希望有更多的小朋友和赞赞一样,在棋类世界里收获快乐和成长。

乐趣建立的阶段,首先不再是死记硬背一招一式,而是要活学活用,举一反三。 比如"马后炮",马后炮是象棋当中常见的杀法,由马炮配合完成攻杀。要想熟练地掌握马后炮,除了多加练习,还要明白它的底层逻辑。一是基本分工,马在前方(横线或竖线)控制对方的将帅,同时给炮做"炮架",炮在马的直线后方"叫将"或攻击。二是重要条件,马前方有对方棋子挡住、马炮中间有对方棋子阻挡,或者炮不安全的情况下,马后炮都是不成立的。有了马后炮的底层逻辑,同学们就可以"学而时习之",既能练习题目和棋形巩固知识,还能在实战中加以运用,真的是不亦乐乎。

孩子能在对战时用上"马后炮"这一战术。其次就是棋力和实战的结合,也就是哲学常讲的理论和实战的结合。比如有些孩子平时做题做得很好,但是一到考试就考得不好。这跟学棋一样,平常棋力不错,一旦实战就蒙。

有了棋力和实战的结合,最后就是对形势的判断,一盘棋大体什么情况,需要做出准确的决策,要居安思危,这对孩子学棋来说非常重要。对形势有了判断之后,就要思考如何能赢,这就是结果导向。

　　掌握了一定的形势判断能力，可以促进孩子自我决策，等同于完全独立的个体、独立的棋手，不需要依赖老师和同学。在棋局的决策过程中，还需要结果导向的支撑：是争胜还是守和，是简化平衡还是复杂求变。这其中的奥秘无穷，乐趣让人回味。有了棋局的判断能力为基础，在观摩高手的对局中，可以不断地修正自己的价值观，培养大局观，欣赏高手对决，拓展思路，打开格局。能和高手共鸣，这也是一份难得的乐趣。

3. 志趣：志趣是孩子人生更高格局与成就的保障

经历前两个阶段后，第三个就是志趣阶段。这时候陪伴孩子的不仅仅是专业老师，还有他们心目中的偶像。德国著名数学家科·达勒维耶说过，榜样的力量是无穷的。我下围棋有一个很好的榜样就是围棋艺术大师吴清源先生，这就好比乔丹、科比之于篮球，梅西、C罗之于足球一样。专业老师在志趣阶段需要着重注意三点。

第一点讲究复杂的计算力和逻辑推理能力。这个阶段的孩子棋力已经达到了相当的水平，我们和他们对战也要拿出六七成功力才能勉强赢过他们，有些甚至会败给他们。这时我们就需要借助科技的力量——与AI结合。孩子最开始接触AI，会颠覆认知，切实感觉到AI的强大。慢慢与AI练习之后，孩子的棋力大增，会逐渐开悟，这就到了悟道的阶段，这时孩子擅长计算与推理，之前只能计算几步棋，现在能够计算十几甚至二十几步棋了，逻辑推理更加缜密深刻，这也是为什么很多物理学家、数学家和经济学家都偏爱围棋的原因。象棋也讲究算力，但是围棋需要更强、更复杂的计算力和逻辑推理能力。

第二点讲究战略战术。判断好形势，就需要有决策战略。是"先捞后洗"还是怎么样，这就是具体的战略；战术就是定了决策后具体怎么执行。在研究战略战术时，还要学习应变能力，这个能力非常关键，下棋局势瞬息万变，要懂得变通，因时、因势而变。

下棋是两个人对弈，对手是人，不可能按照我们规定的线路走棋，不像做数学题，推算过程就几种方法，如果方法不对，求得的结果就是错的。而下棋是因势而变，最为复杂，就像经商一样，难免会碰上天灾人祸，要有应变能力。孩子学棋若在格局层面有大局观意识，那他整个人的思维层次也会是高的。

第三点就是和文化属性相匹配，我们称作品行悟道，这个层次就更高了。学棋在思维层面和竞技层面主要是培养孩子的兴趣和乐趣，第一层是先培养兴趣，让孩子觉得好玩，第二层是培养乐趣，孩子愿意玩。第三层是上升到文化层次，即建立志趣，一般第二层次的孩子就已经非常优秀了，第三层次的孩子已看淡输赢，有可能是国家的优秀人才。

我们有个美国的学生就是培养从兴趣到志趣的过程中调整心态，战胜了自己。

憨憨，14岁男生，6岁开始学棋，在美国生活。

憨憨学棋已经有八九年时间了。他有一个衣橱，里面存放的都是这几年获得的各类奖杯，大多是国际象棋获得的荣誉。在很多人看来，憨憨同学已经是一位高手了，但是他的学棋之路并非一帆风顺。

憨憨小时候就很喜欢国际象棋，平时在家跟爸爸下棋的时候，爸爸都会让着他，这是为了让他保持下棋的积极性，绝大多数情况下，都会让他赢。因此，憨憨有一种错觉，总觉得自己棋艺很厉害，天下无敌！有一天，爸爸带他去参加硅谷的一个国际象棋比赛。那是他第一次参加正式比赛，大厅里摆了上百张桌子，挤满了家长和比赛的孩子。

由于初次参加正式比赛，小家伙有点紧张，但是也信心满满，他觉得自己一定会赢。果真，一开始下棋很顺，他连赢了3盘，但到了第四盘的时候输了。本来输赢是很正常的事情，可是憨憨却在赛场发起了脾气。

"I GIVE UP（我放弃了）！"

"我再也不下棋了！"

"我不比赛了！"

他不断地抱怨，说到动情处，竟然趴在桌上伤心地抽泣起来。爸爸对他说："输一场没关系的，后面还有两场比赛呢！"可是孩子正处于情绪激动阶段，什么都听不进去。

爸爸劝他坚持参加下面的比赛，他直接气嘟嘟地说："没用的，我肯定输！"

最后爸爸好说歹说，哄他进去比赛了。结果进去后不到半小时，小家伙就垂头丧气地跑出来，还是气鼓鼓的。"我就说不要下嘛，赢不了的！"他把输棋还怪到了爸爸的头上。

这一次比赛的失利，对憨憨的触动很深。爸爸和老师都明白，这次不是输在了棋力，而是输在了心态上。在爸爸和老师的指导下，憨憨逐渐明白了一个道理：技术固然重要，但心态上绝不能输。因为之前和爸爸下棋，很多时候都是顺风局，所以局面一旦处于下风的时候，往往会沉不住气。后面憨憨再和同学训练时，遇到逆风和落后的局面时，下得格外认真和顽强。心态上的转变，让他慢慢发现，在优势的局面下，自己不会像之前那样急于求胜；在局面平衡时会稳住阵脚，耐心地寻觅战机；局面处于下风时，不会再轻言放弃。

随着实力的持续提升，他迎来了新的挑战。他们俱乐部有一位同学获得了美国公开赛少年组的冠军。就连憨爸都称赞那位同学很厉害。"我以前赢过他的，还赢了好几次，只是他后来越来越厉害了，我就下不过他了！"憨憨不禁感慨道。

优秀的对手没有让憨憨停止前进的脚步。之后憨憨抽出更多的时间更加刻苦地练习，不是为了赢那位同学，而是为了再次超越自己。人的一生会有很多困难和对手，都会随着时间远去；而一直都在的对手，只有昨天的自己。胜人者有力，自胜者强。能战胜自己的人，才是真正的强者！憨憨同学显然已经明白了这个道理。

在后面的一次比赛中，憨憨和那位冠军朋友狭路相逢。双方一番激战，都不敢贸然争胜，最后握手言和。虽然没能战胜对手，但是憨憨已经"赢了"。无论是棋艺、心态、临场应变，他都超越了之前的自己。

国际象棋是憨憨同学一直在坚持的一项运动，他现在还开始组建小团队，一起精选海外优秀的国际象棋书籍，翻译到国内，分享给更多的小伙伴。我们希望更多的同学能像憨憨一样，通过下棋收获历练、收获成长。

我从小时候看棋、学棋，到参加各种比赛、拿到各种荣誉，到保送南开大学，再到体会、研究国内外素质教育，再到与伙伴们创立弈小象，深刻体会到一句话的意义：成功的路上其实并不拥挤，因为能坚持到最后的人并不多。这就是我说的两个铁三角——"孩子、家长、老师""兴趣、乐趣、志趣"。孩子在学棋的过程中遇到困难甚至挫折想放弃的时候，家长的表现至关重要，不能着急，不能强迫，更不能粗暴打骂，要互相理解、积极引导、真情陪伴，让孩子度过低谷期。老师教学的水平也非常重要，不能严厉生硬，不能循规蹈矩，要循循善诱，寓教于乐，如沐春风。这样才能像颜渊在《论语》里说他的老师孔子那样："夫子循循然善诱人，博我以文，约我以礼，欲罢不能。"

　　只有孩子、家长、老师三者的良好配合与互动，才会有下一个铁三角"兴趣、乐趣、志趣"，其实，每一位一路走来的家长都是感慨万千：从小到大，培养一个优秀的孩子是多么的不容易。

　　学棋从兴趣到志趣，是一个坚持的过程，也是孩子逐渐走向成熟、建立信心、盛开智慧之花的必然结果。孩子爱上下棋，这是一定会经历的阶段，当到达志趣阶段，孩子基本上才算参悟了"棋道"。

07
Chapter

家长最关注的 19 个问题

孩子学下棋的过程中，包括我们线上课程时，总有家长提问，这些问题涉及孩子学棋的方方面面，因此在本章我们总结了 19 个最受家长关注的问题，然后一一解答，尽量做到专业全面，希望对家长及孩子学棋有所帮助。

1. 孩子多大开始学棋合适

关于孩子几岁学棋合适，其实没有一个明确的时间点。我小时候学棋，周围基本上都是年龄不大的孩子，最小的孩子才三岁半，当然这种不普遍。大多数孩子还是应该在 4 周岁以上开始学习。实际上学体育对于成人来说，并不是你超过 18 岁就不能学了，但为什么对孩子来说非常重要？这是因为孩子在学生时期有些能力只有棋类能够赋予，比如复盘训练，比如逻辑思维和逻辑推演等，这些能力很重要且不可替代，所以我们强调孩子越早学习越好，但什么时候都不晚。

就像我之前在家长会上说的，"学无先后，达者为先"，谁先把这些思维能力锻炼到位且方法正确，谁就能成为老师。可能有些孩子 4 岁开始学习，但方法不对，学了 5 年也没有结果；还有些孩子 10 岁才开始学，学了 2 年，思维能力、学习成绩、竞技能力等都很强，所以找对方法才能让效率最高。因此学棋越早越好，越容易掌握，但任何时候学习都不晚。

2. 家长不懂，对孩子学棋有影响吗

实际上我们 99% 的学员家长都不会下棋，无论是围棋、象棋还是国际象棋都不懂。家长要和老师有分工，专业技术方面的问题肯定是老师负责，专业系统训练是由我们机构提供，比如南开大学人工智能学院给我们研发的 AI 软件叫作"弈小象棋院"，在这个棋院里能够满足孩子预习、上课作业、做题对战、复盘等所有动作都在一个场景中完成。

孩子学棋，线下比较难。我小时候学棋比较苦恼的一点是，一个班就 10 个人，你天天跟这 10 个人对战，理论上进步就很受限。你比别人厉害，与棋艺不如自己的人对战无法提升太多；别人比你厉害，用别人的方法赢他，方法也是固定的，所以没有办法每次都能吸取较多的经验。

对战讲究棋逢对手，线下一个班就那么几个人，所以很难提高。而线上是一个平台，比如我们线上有上万名学员，你可以匹配不同的对手，会遇到各种各样的对局，每次都有不同的策略，孩子就会有不同的提升，这就叫百花齐放。

这就是为什么我小时候在家练习，后期棋力无法提升，但一参加辽宁省的比赛、全国的比赛，回来之后感觉像升华了一般，这是因为我看到了不一样的对局思路，格局打开了，自然会有提升。

家长不会下棋没关系，线上系统可以帮助孩子匹配全国各地的棋友，针对不同的对局策略就会有不同的提升，同时现场打通孩子学练、测评、对战这一套完整的系统。家长的任务就是陪伴、鼓励、监督，不要责备。

　　另外，家长要和老师多沟通。家长、孩子和老师构成一个铁三角，孩子与家长、孩子与老师都要双向奔赴，孩子在三角的顶上，老师和家长分列左右，像两大护法，家长和老师的沟通并不是最重要的。

3. 孩子学棋要学多久

关于学多久这件事，实际上很多伟大的科学家终生都在学习。因为学习下棋没有终点，但对于孩子来说时间不能太短，不能说孩子学半年棋，各项能力都变得不一样，这相对来说很难。对于学棋，这三大棋都一样，从真正开始到完整入门，实际上至少需要一年以上的时间。这段时间我们讲叫自驱，也叫自学或自我探索阶段，只有走过这个过程，孩子才能感受学棋的高级乐趣。

同时，在这个过程中，第一，孩子学得很快乐，就像很多孩子为什么痴迷下棋，就是因为学棋能够激发他们的胜负欲。第二，在胜利后，孩子更愿意分享。我们经常看到很多孩子开始学的时候，没有什么特别大的乐趣。一旦开始通过实战分胜负，有输有赢的时候，孩子就会很有兴趣。人都喜欢这种正向反馈，况且棋类是一种游戏，孩子在下棋过程中，二三十分钟就能分出胜负，这种反馈很快、频率很高。

这里要给家长吃一个定心丸，前期孩子学棋达到一定水平的时候，就会有坚持和热爱。就像篮球爱好者，年轻的时候喜欢打球，现在或以后会持续热爱，哪怕间隔很长时间才打一次球。比如我在初中和高中有时为了学业没时间练棋，但棋艺没有丢，放假后练一下棋力就回来了，尤其是高考后整个人的知识水平达到巅峰，到了大学再练一下棋力又找回来了，这是我的自学能力和自悟能力，它们还能帮助我保持一个坚持和热爱的好习惯。

很多家长觉得学一段时间就可以了，把学棋当作一个工具，孩子日后学不学家长也不管，这种想法是不对的。孩子如果有坚持和热爱，后面是能够影响学习、工作乃至生活的。

4. 孩子下棋怕输怎么办

孩子学棋怕输这是正常现象。我结合自己学棋的经历来说，因为下棋分胜负，孩子都会有不开心的时候，这是一个正常现象。

很多家长都有一个误区，认为孩子不学棋了是因为下棋老是输。我认为输是学棋必经之路，没有谁能一直赢，输的时候很多孩子反而能坚持下来，有的孩子却放弃了。核心一点是孩子实际上不是怕输，而是不知道为什么输，输在哪里，或者是一直在同一个地方、同一个点跌倒，如果认识不到这一点，孩子恐怕很难坚持。

孩子怕输该怎么办呢？第一，家长要给予鼓励，不能揠苗助长，"输了就必须要赢"是不能说的，或者对孩子进行责备，这样会对孩子学棋的兴趣消耗很大。第二，不能让孩子低水平重复地输，不能在同一个地方一直跌倒，要告诉孩子该怎么办，错在哪里，实际上就是老师帮孩子复盘，找到失败的归因，不要往外找原因，要找内因，然后找到解决办法。

当孩子认为下一次会有改善的时候，就会很期待再次对局，而不是抱有"输了就输了"这种对自己不负责任的想法。当老师告诉他怎么去赢的时候，他就会很期待，再次输了再次迎接挑战，这样对孩子是一个历练。下次可能还会输，但是老师给了正确的引导和方案后，孩子下一次再战就有可能赢。这样不断改进的过程,就是不断超越自我的过程,孩子在未来很难被击败。

  在这里有一个补充,就是教练员前期不要让孩子有太多的实战。就像乒乓球,你成天要求跟人家对局,就会被打得"找不着北"。教练员要有一个宏观把控,不是说孩子来了,就安排给其他对手对局,要先打好基础,这是尤其要注意的。

5. 孩子遇到瓶颈怎么办

"遇到瓶颈"和"怕舒适"差不多。遇到瓶颈一般是多次的，它不是一次的，而且有可能每一次的时间不固定，或长或短。有的孩子可能突破瓶颈难度小，过去就没事了，但有的孩子一次瓶颈卡了好几年，我们收到很多这种孩子，线下怎么学也成长不上去了，来北京找我帮他们"调病"，这种情况经常遇到。

遇到瓶颈怎么办？第一是更换老师；第二是换一个环境；第三是孩子要重新审视自己，比如说围棋在生活中扮演什么角色，如何看待围棋，对围棋热不热爱，这个时候需要家长跟孩子沟通，了解孩子内心真实的想法。

这时候家长的参与度比较高，沟通时要给孩子说明真正喜欢下棋会给他带来什么。这其实就是教练技术和解决心态，反映一个家长的沟通水平。这时调适的是心态而非技术，因为家长调适不了技术，就是看孩子是否真心愿意坚持下去。这时大部分孩子还是能坚持的，也有部分孩子会打退堂鼓。家长可以再鼓励一下，比如说篮球进攻敢不敢投三分？孩子说不行，防守太死根本办不到。后来孩子发现顶开防守也能投进三分，这就是孩子敢不敢的问题了。

这个时候家长和老师再对孩子进行一个整体的分析，可能再"拍片"瞧一瞧到底是心病还是技术问题。如果是体育技术问题，那么老师要找出技术问题，给孩子支招。支招时可以用激将法，目前来说10个孩子里有3个是吃激将法的，老师激一下，孩子就会迎难而上。但大部分孩子都是喜欢顺风教授的，不像我们小时候经常用激将法。

现在的孩子可能适合用更柔和的做法，就像棋业里面的教练技术和调试心态，对家长调试心态，对老师也要调适心态，这个时候对孩子的训练计划不要调整太大，这时他们是高度依赖老师和教练的。孩子前期技术不是那么成熟的时候，不要给他们太大压力，他们反而能迅速成长起来，但是前期孩子遇到瓶颈的时候，是需要老师和家长配合的。

很多孩子遇到瓶颈的时候，家长的对策很重要。这时就能看出家长的水平，有的家长真的是尽心竭力，有的家长就说算了别学了，这两种情况对孩子的影响有天壤之别。

后面随着孩子水平越来越高，再遇到瓶颈的时候，就需要老师不断去调动，但大多数孩子还是靠自己走出瓶颈。尽管前两年孩子对老师的依赖度还是比较高的，但两三年之后，尤其是小男孩，前段时间还感觉特别烦人，可没过多久像突然开窍一般，说话也甜了，棋力渐长。男孩意识开悟得晚，但有的时候可能睡一觉就突然明白了很多，突破了自己的瓶颈。这个时候不要给他太多压力，前期多依赖老师和家长，后期就是给他一个空间，让他自我开悟、自我调节，这是我们经常使用的一个方法。

如果孩子多次遇到瓶颈，或者说某一次时间比较长，对于前期的孩子还是需要家长和老师进行唤醒及技术上的调整的，后面就是让孩子自己去专注和热爱。我们那时候大部分孩子到老师那里，老师只是告诉你这盘棋为什么输了，分析之后还得靠孩子自己去悟，这是谁都替代不了的，能不能站起来全靠自己。我们那时候输棋后，更多是靠自己悟出来的。老师前期已经培养我们一个自悟自觉的能力，我们自动自发去追求，逐渐形成自己的风格。

一般来讲，有了自己的棋风才叫真正地进入某类棋的圈子。这就好比唱歌，只是模仿别人是不能被圈内人认可的，必须有自己的一个独特的音色。下棋也一样，风格总体看是相似的，每个人的风格又各不相同。

突破瓶颈后，六成在棋手自己、四成靠教练；前期大概三成靠自己，七成靠家长和教练。前期启蒙老师很重要，在孩子刚刚掉入泥沼时要拉孩子一把，不能看着他陷进去，孩子自己也要努力，不能"摆烂"，至少要扑腾一会儿，等教练来救。

很多棋都有一个门槛，所以大部分机构一两年就经历一次淘汰。比如象棋的一大坎是一走棋就丢子，围棋的一大坎是一围地盘就蒙，无从落子。很多孩子总差一口气迈过这些门槛，所以这些瓶颈对于突破自己是"多么痛的领悟"，这也是很多人卡在那里就是突破不了的原因，没有壮士断腕的决心和毅力，也许这些坎儿一辈子都无法越过。

6. 好动和内向的孩子哪个更适合学棋

其实下棋的孩子有很多都是好动的，尤其是男孩子。我小时候也好动，特别喜欢体育，我记得我是我们学校 400 米跑步纪录保持者。并不是安静的人才能下棋，它就像一场看不见硝烟的战争，对弈的两人虽都不说话，但棋盘上却波涛汹涌、暗流涌动。有的时候两个人语言完全不通，却能通过棋盘上的较量，完全感受到两个人的性格，以及对胜负观的看重。

孩子好动的话，证明他很适合学棋，因为能给他提供一个舒适的场景，让他坐下来安静下棋。通过下棋可以让他的内心陷入波澜壮阔的对局中，在指挥千军万马的过程中，他是全身心投入的。一旦投入，孩子就会非常专注，也能够坐得住，所以孩子应该能内能外。

孩子平时的性格和下棋时的风格是没有必然联系的。有的孩子表面话不多，看似内向，但下棋很凶；有的孩子平时敢于亮剑，但一下棋就特别怂。这样的孩子表面看是有攻击性，其实下棋与性格正好相反。

性格外向的孩子，他发现自己有能量才会找对手对局，不是说你一下场就能把谁碾压了，没有金刚钻还真揽不了瓷器活。这些孩子开始可能好大喜功，后面性格就会逐渐内敛，他还是攻击型棋手，只不过变得厚重多了。比如有的孩子第一天报名的时候，性格过于活泼，下棋喜欢贪功冒进，但是多下几次之后就会受到教育，明显有所收敛，他知道必须积极去赢，下棋没有自己之前想象得那么简单。

内向的孩子也一样。不是说我们把孩子培养成才后，孩子就会成为"话痨"。下棋还得靠自己，没有人会包容你。真正下棋的时候，你忍两步可能这盘棋就输了，就像下象棋你让我两步一样。所以有些孩子虽然可能社恐内向，但是下棋不需要去沟通，是敢于使劲的。就像我们有些孩子表面不吭声，棋招上却凶狠无比。这样的孩子能在棋盘上找到自信，他跟人打交道的时候多少感觉自己有点力量，而不是被人天天说成社恐。孩子差不多都是内向的孩子。

目前来讲，顶尖棋手中内向的偏多，有一本书叫《内向者优势》，大意说内向者有很多优势，很多人能当领导或更容易干成某件事等。内向的孩子也是挺合适学下棋的，一些内心的东西不善于表达出来，可以在棋盘上展现自己的力量。

现在社会有一些这样的孩子，他故意不努力，输了怕丢人。这些孩子的痛点在哪里呢？他发现自己努力后还是不行，整个心态都会崩溃。我们有很多这样的孩子，他们软硬都不吃，就是不努力，输了也无所谓，特别"佛系"，这样长大到社会上很危险。这种自我伪装性比较强的孩子，我们早就已经摸透他们的小心思，只是在引导方面需要老师和家长共同努力，建立前面提到的"胜利者心态"，帮助孩子重塑信心。

7. 孩子学棋需不需要天赋

坦白来讲，如果家长想让孩子未来拿一个全国冠军或成为职业棋手，肯定是需要天赋的。所有体育运动都一样，你如果没有天赋，想达到一定的高度是不行的。

棋类也一样，它是智力运动、思维运动，对于孩子来说也同样需要天赋。我们看了很多比赛，如果想走体育升学的孩子，棋类确实是相对容易的。比如你想通过网球、篮球、足球走体育升学，那么拼天赋占比会很大，棋类可能也需要天赋，可它是所有体育项目当中拼天赋占比最低的，因为它是脑科学，是思维运动，它的定义是"高级思维运动博弈游戏"。

现在很多家长让孩子学棋，并不一定是让他成为职业棋手，而是想通过学棋对提高孩子的底层思维能力有所帮助。这个是每个孩子都可以完成的，比如学一到三年，按照我们的课程体系，每个阶段学完都能掌握习惯思维，包括抗压力等，这个是完全可以学到的。如果说学别的体育运动拿到冠军需要很高的天赋，那么棋类是天赋要求最低的。

大多数家长的诉求是让孩子坚持学习并收获不一样的成长，这件事每个孩子都能坚持，只要坚持就会有收获。如果无法坚持学棋，就说这种训练方法不好，这是不对的，大多数孩子按照我们的方法坚持下来，各方面素质都会有所提高。

8. 线上学和线下学的区别是什么

线上学棋和线下学棋的几点区别如下。

一是时间和空间的区别。

从出行方面考虑，线上学习是足不出户就可以及时完成的，线下课程则需要考虑出行和接送，很多小朋友因为距离的问题，错过了线下学棋的机会。在家线上学习，家长可以更好地监督孩子的学习习惯和状态（可以看课程回放），线下课程家长可能不容易及时监督孩子的情况。

二是教学体系的区别。

线上机构大多有自主研发的课程体系，线下机构一般不搭建教研团队，课程内容通常由资深老师依据经验提炼，或者代理外部的课程。线上更强调严谨科学的体系，线下更依赖老师的丰富经验和口传心授，可谓各具优势。

三是课后服务的区别。

线上强调课后服务，每次课程结束后，老师或学管（辅导老师）都会及时跟进小朋友的学习情况，通过数据分析来把控学情，做出针对性的指导，及时解决孩子的问题。线下学习更强调陪伴式学习，比如上一次课要 2 小时以上，或者一个上午或下午，把上课和练习结合起来。线下学习更多的是老师面对面的指导，以及同学之间的切磋和交流，课后在家更多的是自

主练习。

四是师资力量的区别。

线上师资团队的管理和培训更加严格和完善，强调流程化、标准化、系统化，对学历、形象、能力和综合素质都有一定的要求，容易吸引全国范围内的优秀老师。线下师资团队一般是由校长（棋类高手或职业运动员）亲自搭建，分批次培养当地热爱棋类事业的年轻人，招聘、选拔、储备师资等方面更加稳健。优秀的线下机构，往往是小而美的组织。

9. 学棋的费用高吗

棋类相对于音乐、美术或体育项目来说成本还是较低的。棋类学习也是最近两年才开始火热起来，所以之前学的孩子不多，需求没有那么旺盛。随着需求的增加，棋类逐渐有了一定的市场，当需求过于旺盛的时候，价格也会相应地提高。

我们从两个维度对学棋成本进行分析：时间成本和隐性成本。第一，时间成本。一个孩子从零基础学棋到二级运动员的水平，学习的周期肯定比其他诸如篮球、足球、网球、游泳、田径等要短得多。一般情况下，如果每周训练三到四个小时，三四年时间就可以从零基础达到二级运动员的水平，但是如果通过上面的那些竞技体育项目达到二级运动员的标准，要求三四年成才的话，那么就得每天训练，所以学棋的时间成本总的来说还是很低的。

第二，隐性成本。学棋和诸如音乐、美术等比起来，花费要低很多，一架钢琴的成本远超一个棋盘。理论上买一个棋盘只需要几百元，孩子整个学棋周期买一个棋盘就完全可以满足需求了，它可以用若干年，相对于其他购置很多耗材的项目，成本是相当低的。

10. 棋类考级重要吗

我一般不建议孩子学的所有项目都考级，但是竞技体育的考级还是比较有用的，这得从两方面来说，第一个方面，在小学升初中、初中升高中的阶段，有些省市会看孩子围棋或象棋到了哪个段位，可能优先录取，它是中国棋协颁发的官方竞技等级证书，非常有含金量，从这点我建议孩子能考就考。

第二个方面，就像我讲的，孩子要有自信，要有阶段性成果和阶段性目标，二者都需要通过完成阶段性的等级认证来实现。从初学棋到参加比赛是需要一定时间的，孩子如何在这个说长不长、说短也不短的周期内获得正反馈呢？考级通过就是阶段性目标的达成，对于孩子的内驱力和学习动力都是一种极大的促进。漫无目的地学习看似没有压力，实际上很难坚持。

孩子建立目标感很重要，有些家长有这样的认识误区：孩子是不是压力大就不想学了？我认为恰恰是家长让孩子没有目的地学，才导致当他发现没有目标感的时候就学不下去了，而官方的考级实际上就是给孩子设立目标和阶段性成果的，不可轻视。

象棋考级对照表

等级标准	对应成绩
特级大师（国际级运动健将）	全国个人赛冠军
象棋大师（国家运动健将）	全国个人赛甲组 1～16 名
国家棋协大师	全国业余象棋赛个人 1～16 名或团体 1～2 名；省级象棋比赛个人 1～3 名
地方棋协大师	全国业余象棋赛个人 17～36 名或团体 3～6 名；省级象棋比赛个人 4～8 名或团体 1～2 名
一级棋士（一级运动员）	全国个人赛乙组前 1～16 名；全国少年赛甲组 2～6 名
二级棋士（二级运动员）	省、自治区、直辖市、行业体协个人赛 1～16 名；市级个人赛 1～8 名
三级棋士（三级运动员）	省、自治区、直辖市、行业体协个人赛 17～32 名；市级个人赛 9～16 名
一级棋士	全国业余象棋赛个人 37～72 名或团体 7～12 名；省级象棋比赛个人 9～16 名或团体 3～6 名
二级棋士	省级象棋比赛个人 17～32 名或团体 7～12 名
三级棋士	省级象棋比赛个人 33～56 名
四级棋士～十级棋士	通过各市、县象棋比赛获得一定的名次，可获得相应等级称号
十一级棋士	校级（俱乐部）比赛前 8 名
十二级棋士	校级（俱乐部）比赛 9～24 名
十三级棋士	30 分钟内解答 20 道简单的两步连杀棋题
十四级棋士	5 分钟内解答 10 道单子一步杀棋题
十五级棋士	会单子基本残局，如单车、单马、单兵胜光将
十六级棋士	了解象棋基本规则

一、考级体系

围棋考级对照表

等级标准	对应成绩
25 级	60 分钟内解答 20 道题，完成 5 局 AI 吃子对局 （答对 12 题以上，且 13 路吃 5 子对局获胜 3 局以上）
20 级	60 分钟内解答 20 道题，完成 5 局 AI 吃子对局 （答对 12 题以上，且 13 路吃 5 子对局获胜 3 局以上）
15 级	60 分钟内解答 20 道题，完成 5 局 AI 吃子对局 （答对 14 题以上，且 13 路吃 10 子对局获胜 3 局以上）
10 级	60 分钟内解答 20 道题，完成 5 局 AI 吃子对局 （答对 14 题以上，且 13 路吃 10 子对局获胜 3 局以上）
5 级	120 分钟内解答 20 道题，完成 2 局 AI 全盘对局 （答对 14 题以上，或 19 路对局获胜 1 局以上）
2 级	120 分钟内解答 20 道题，完成 2 局 AI 全盘对局 （答对 14 题以上，或 19 路对局获胜 1 局以上）
1 级	120 分钟内解答 20 道题，完成 2 局 AI 全盘对局 （答对 14 题以上，或 19 路对局获胜 1 局以上）
1 段	180 分钟内解答 30 题，完成 2 局 AI 全盘对局 （答对 21 题以上，或 19 路对局获胜 1 局以上）
2 段	对弈比赛轮次不得少于 7 轮，每方 40 分钟 （各组实际参赛人数的前 30% 通过）
3 段	对弈比赛轮次不得少于 7 轮，每方 40 分钟 （各组实际参赛人数的前 25% 通过）
4 段	对弈比赛轮次不得少于 7 轮，每方 40 分钟 （各组实际参赛人数的前 20% 通过）
5 段	对弈比赛轮次不得少于 7 轮，每方 40 分钟 （各组实际参赛人数的前 15% 通过）

说明：1. 25 级~1 段为中国围棋协会线上平台考级、考段通过标准；
2. 2 段~5 段为各省、市围棋协会线下考段通过标准。

二、赛事说明

1. 围棋的等级称号（中国国际象棋协会认可的全国通用称号，由高到低）

职业等级

职业九段—职业八段—职业七段—职业六段—职业五段—职业四段—职业三段—职业二段—职业一段

业余等级（业余 5 段以上可以参加职业定段赛）

8 段—7 段—6 段—5 段—4 段—3 段—2 段—1 段—1 级—2 级—5 级—10 级—15 级—20 级—25 级

2. 围棋运动员称号（国家体育总局认可的所有体育项目通用称号，由高到低）

国际级运动健将—运动健将—1 级运动员—2 级运动员—3 级运动员

围棋运动员称号及申请要求

称号	申请要求
国际级运动健将	世界智力运动会、世界职业围棋锦标赛、世界围棋公开赛个人混双前8名,团体前2名
	世界围棋大师赛个人前8名
	亚运会个人、混双、团体前2名
运动健将	世界智力运动会个人、混双第9~16名,团体第3~4名;青少年组前6名
	世界职业围棋锦标赛、世界围棋公开赛个人第9~16名,团体第3~4名
	世界围棋大师赛个人第9~16名
	亚运会个人、混双、团体第3~8名
	全运会公开个人、公开混双前16名
	全国智力运动会职业个人、混双前16名,职业团体前4名
	全国围棋锦标赛职业组个人前16名,团体甲级前6名
一级运动员	世界职业围棋锦标赛、世界围棋公开赛个人第17~64名
	世界围棋大师赛个人第17~32名
	亚运会个人、混双、团体第9~16名
	全运会公开个人、公开混双第17~32名;业余个人、混双前16名,业余团体前8名
	全国智力运动会职业个人、混双第17~32名,职业团体第5~8名;业余个人前16名,业余团体前4名
	全国围棋锦标赛职业组个人第17~32名,团体甲级第7~16名;业余组个人前16名,团体前8名;少年(U16)组个人前6名,儿童(U12)组个人前3名
	全国围棋定段赛青少年组个人前16名

续表

称号	申请要求
二级运动员	全运会公开个人、公开混双第 33～72 名；业余个人、混双第 17～64 名，业余团体第 9～32 名
	全国智力运动会职业个人、混双第 33～72 名，职业团体第 9～32 名；业余个人第 17～64 名，业余团体第 5～8 名
	全国围棋锦标赛职业组个人第 33～72 名，团体乙级前 16 名；业余组个人第 17～72 名，团体第 9～24 名；少年（U16）组个人第 7～32 名；儿童（U12）组个人第 4～16 名
	全国围棋定段赛青少年组个人第 17～72 名
三级运动员	全国围棋锦标赛业余组个人第 73～128 名，团体第 25～64 名；少年组（U16）组个人第 33～128 名；儿童组（U12）组个人第 17～64 名
	全国围棋定段赛青少年组个人第 73～128 名
	省（区、市）体育行政部门主办的个人锦标赛前 32 名，团体前 16 名
	省（区、市）体育行政部门主办的少年锦标赛前 16 名，团体前 8 名
	市（地、州、盟）体育行政部门主办的个人锦标赛前 6 名，团体前 3 名

一、考级的体系

国际象棋考级对照表

等级标准	对应成绩
一至六级棋士	比赛轮次不得少于 7 轮。如使用棋钟，比赛双方每局用时总和不少于 60 分钟
七至十级棋士	比赛轮次不少于 5 轮。如使用棋钟，比赛双方每局用时总和不少于 40 分钟
十一级棋士	30 分钟内解答 20 道简单的两步连杀棋题
十二级棋士	5 分钟内解答 10 道简单的一步杀棋题
十三级棋士	会双车和单车杀王
十四级棋士	会基本残局杀王，如单后杀，单兵升变；掌握王车易位原则、过路兵的吃法和逼和的规则
十五级棋士	了解国际象棋基本规则，能够正常下完一盘棋

国际象棋等级（中国国际象棋协会认可的全国通用称号，由高到低）

第一种：中国国际象棋协会棋士等级。

发证机关：中国国际象棋协会。

中国国际象棋协会（CCA）是代表中国加入世界国际象棋联合会（FIDE）的唯一合法组织。目前 FIDE 共有 189 个会员国和地区，仅次于世界足球联合会。

共十七级，最低等级为十五级，往上依次是十四级、十三级、十二级……三级、二级、一级、候补棋协大师、棋协大师。

十五级至十一级为鼓励性质，具有一定资质的单位可直接授予。十级（含）以上证书一般通过比赛并达到规定胜率才可

获得。一级棋士、二级棋士一般由省级相关管理部门才可授予。棋协大师、候补棋协大师只有中国国际象棋协会有权授予，是国际象棋业余最高的两个等级。

分组标准：按现有等级（不分年龄，一般要分男女）。

晋级标准：按胜率。

第二种：国际象棋运动员称号。

发证机关：国家体育总局。

国际象棋运动员称号及要求

称号	称号要求
国际级运动健将	世界锦标赛（个人）前8名
	世界锦标赛（团体）、世界奥林匹克团体赛前6名
	世界大学生运动会个人前6名，团体第1名
运动健将	世界锦标赛（个人）第9~16名
	世界锦标赛（团体）、世界奥林匹克团体赛第7~12名
	世界大学生运动会个人第7~16名，团体第2~6名
	亚运会、亚洲室内运动会个人前16名，团体前6名
	全国智力运动会团体前6名，少年个人前6名，少年团体前3名
	全国锦标赛（个人）前24名
	全国锦标赛（团体）前6名
	全国青少年锦标赛（个人）青年组、甲组前3名
	全国青少年锦标赛（团体）青年组、甲组前2名

续表

称号	称号要求
一级运动员	全国智力运动会团体第7~10名，少年个人第7~12名，少年团体第4~6名
	全国锦标赛（个人）第25~32名
	全国锦标赛（团体）第7~12名
	全国青少年锦标赛（个人）青年组第4~10名，甲组第4~8名，乙组前6名，丙组前3名
	全国青少年锦标赛（团体）青年组、甲组第3~6名，乙组前3名，丙组第1名
二级运动员	全国智力运动会团体第11~12名，少年个人第13~18名，少年团体第7~10名
	全国锦标赛（个人）第33~48名
	全国锦标赛（团体）第13~16名
	全国青少年锦标赛（个人）青年组第11~18名，甲组第9~16名，乙组第7~16名，丙组第4~8名，丁组第1名
	全国青少年锦标赛（团体）青年组、甲组第7~10名，乙组第4~6名，丙组第2~3名，丁组第1名
三级运动员	全国锦标赛（个人）第49~60名
	全国锦标赛（团体）第17~30名
	全国青少年锦标赛（个人）青年组第19~24名，甲组第17~24名，乙组第17~22名，丙组第9~16名，丁组第2~3名
	全国青少年锦标赛（团体）青年组、甲组第11~16名，乙组第7~10名，丙组第4~6名，丁组第2~3名

续表

称号	称号要求
三级运动员	省（区、市）体育局、市（地、州、盟）体育行政部门主办的个人锦标赛前 16 名，团体锦标赛前 6 名 省（区、市）体育局、市（地、州、盟）体育行政部门主办的少年个人冠军赛甲组、乙组前 8 名，丙组、丁组前 3 名；少年团体冠军赛甲组、乙组前 3 名，丙组、丁组前 2 名

第三种：国际称号。

发证机关：世界国际象棋联合会（FIDE，简称"国际棋联"）。

国际称号及获得条件

称号	获得条件
国际特级大师	参加世界冠军挑战者对抗赛的任何棋手
国际特级大师	国际大师或棋联大师在局数总和不少于 24 局的比赛中，两次或两次以上获得特级大师的成绩，国际等级分至少为 2450 者
国际大师	在局数总和不少于 24 局的比赛中，两次或两次以上获得国际大师的成绩，国际等级分至少为 2350 者
国际大师	下列比赛的第 1 名：世界女子冠军赛、大区赛、世界青年冠军赛、欧洲青年冠军赛、美洲青年冠军赛、非洲青年冠军赛
棋联大师	在局数总和不少于 24 局的比赛中，两次或两次以上获得棋联大师的成绩，国际等级分至少为 2250 者
棋联大师	中学生（17 岁以下）世界冠军赛的第 1 名
棋联大师	在世界冠军赛的一个循环中比赛局数不少于 13 局，取得 1 次棋联大师的成绩

第四种：国际象棋等级分。

评分机关：各国家及国际棋联。

上面三种等级标准是终身制的（8岁可能获得棋协大师，到80岁仍然可以是棋协大师），但等级分是浮动的，是衡量棋手当前实力水平的重要标志。

国际象棋中，等级分和棋联称号的大致对应如下。

2500分以上：国际特级大师。

2400~2499分：国际大师。

2300~2399分：棋联大师。

国际象棋等级分与称号没有必然的联系，但等级分由于是依据比赛成绩进行一定的科学计算得来的，随着比赛次数越来越多，能越来越准确地反映出一个人的真实水平。而称号是通过参加一些比赛，根据规定按照获得的名次而申报的一种头衔。

上面的表格是对棋类等级划分的普及，因为很多家长对此不了解，它一目了然，非常清晰地呈现每一等级对应的要求，给孩子和家长规划阶段性目标提供一个必要的参考。

11. 孩子学棋，做题和实战哪个更重要

做题和实战的话，我认为这两个都重要，要在不同阶段有所侧重。孩子学棋的前期，大约一年到一年半的时候，做题可能占比更大一些，因为这个时候孩子需要建立起价值观思路，很多时候要靠做题来巩固和加深，它是一个局部的模拟，相当于歌手在录音棚唱歌，不是去演唱会现场，是实实在在的验证和摸索。

当孩子学棋一年半之后，做题和实战就要混编了。两年半到三年以上棋龄的孩子实战占比更多，就像学打篮球，都是从练基本功开始的，包括运球、传球，然后练习投篮，之后上对抗，这是所有体育运动的共性——必须用比赛磨炼自己，具体各部分的比例分配要把握好时间节点，才能和谐统一。

有些老师教完规则就让孩子参与对弈，完全走线下实战，我认为这是一个误区，就像学武术，有些孩子天赋异禀，可以承受击打；有些孩子前期没有过硬的先天条件，可能挨两拳就起不来了，一下就想放弃了，这是纯线下模式的一个弊端。

说回下棋，孩子在前期对下棋产生兴趣，作为老师，这个时候就要帮助孩子练好基本功，通过做题把从局部到全局的系统性思维强化好，只有整体策略过硬了，哪怕实战输了，孩子也知道输在哪，输得有价值；如果没有打好基本功就让孩子上场，

他就会下随手棋，这种坏习惯会演化为惰性思维，不经过深思熟虑，输都不知道究竟输在哪，慢慢就不想下棋了。

　　还有些机构会盲目崇拜做题。葛玉宏围棋道场创始人葛玉宏提倡冲职业的棋手一定要控制做题量，因为做题太多会束缚孩子的创造力，思想禁锢无法发散。基本功靠细节，实际上做题就是抓细节，但是只抓细节会脱离对全局的把握，所以细节靠做题来抓，宏观靠实战来抓，二者要相辅相成。

12. 孩子学棋适合一对一吗

在学棋初期阶段我不建议一对一，这时候孩子有小伙伴，年龄相仿的孩子在一起交流沟通更顺畅，水平相近，做到"棋逢对手"，对双方的提高都有积极的促进作用。

什么时候可以考虑一对一呢？我总结了两种情况。第一种就是孩子水平非常高了，在同龄人中"独孤求败"，只能找水平更高的对手进行一对一的高密度训练。第二种是备战比赛，孩子参加大赛之前找一个厉害的教练或老师"开小灶"，这是很有用的，"钱要花在刀刃上"。但是平时进行这种一对一辅导的话，如果孩子天赋高还好说，否则就是一种浪费资源的行为。

上面这两种情况基本不会出现在学棋前期，我建议一年到一年半左右棋龄的孩子就找小伙伴PK，孩子提升得快，家长也省心。

13. 孩子痴迷下棋怎么办？会不会影响学业

痴迷下棋，我认为难度比较高。拿游戏作比较，游戏带来的正向反馈和激励，对于孩子来讲是特别容易、特别快的。孩子为什么普遍喜欢玩游戏？因为它每一局很短，激励周期就短，周期长的游戏也一样，每过几关就会给装备之类的奖励。但是下棋是一个高级的思维游戏，它不容易让孩子及时得到满足，而真正的快乐来自探索，而后获得成长。

从另一个角度说，我发现学棋的孩子更多追求"志同道合"。下棋跟玩游戏不一样，游戏的参与者可能有很多个，素质参差不齐，保不齐耳濡目染，比如互相谩骂。并不是说游戏本身不好，而是受制于玩游戏的人和所处的环境。下棋作为一种"安静"的游戏，棋手的文化层次与心态相对更接近，往往在对弈中"惺惺相惜"。

如果孩子特别喜欢下棋到已经影响正常生活的程度，作为老师和家长，尤其是家长，还是要及时引导孩子回到正轨。我还没遇到说哪个孩子到这种程度，顶多是热爱，达不到痴迷。

热爱下棋的孩子可能学习也很好，因为他能从学习知识和下棋中总结思路，我习惯叫"痴迷思考"，我认为这种痴迷是可提倡的正确方向。

14. 孩子学棋如何选择老师呢

选择老师是核心问题，我想详细说说如何选择启蒙老师。在孩子学棋的历程中，启蒙老师的影响是比较大的，作用相当重要。

我经过不断的验证发现，启蒙老师应具备的第一要素就是亲和力，亲和力太重要了，能在无形中拉近和孩子的心理距离，相对于"冷若冰霜"，孩子更喜欢"平易近人"。有些下棋好的启蒙老师，对孩子很负责，但是缺少亲和力，经常把孩子训哭，家长在选择的时候尤其要注意。

第二要素叫作同理心，同理心强的启蒙老师更熟悉孩子的心理和成长的规律，如果学过儿童心理学更好，能让孩子更容易接受学棋过程中老师的要求。

第三要素是启蒙老师的业务能力，包括讲课的方法，我们叫讲法；除了授课能力，学术方面同样重要，一般是指老师对棋艺特有的见地和认知，会潜移默化地影响孩子的下棋风格和内容。

第四要素是在亲和力的基础上提升责任心，老师具有亲和力，但是也不能整天只是把孩子哄得倍儿好，不教他真正的东西，这是不行的。

总体来说，最重要的还是亲和力和责任心，我们老师的颜

值不说有多么"赏心悦目",但是气质这块儿拿捏得稳稳的,让家长和孩子"看着就舒心"。

同理心的重要程度仅次于亲和力和责任心,它能让老师以朋友或同龄人的身份与孩子沟通,获得对方信任。懂教育的前提是懂孩子,懂孩子的前提是理解孩子。如果以一个成人的高姿态来教他,绝对体会不到他作为儿童的心理波动,更别提用科学、正确的方法沟通交流了,这样不仅使教授成果大打折扣,还可能令双方产生隔阂。

专业能力排在最后。孩子跨过初学阶段后,启蒙老师的位置就会换成专业老师。此时孩子的心智和水平逐渐成熟,对于专业老师的亲和力就不太看重了,最重要的还是经验和背书,这才是硬实力,随随便便被家长踢馆的例子我也见过,没有信服力怎么让家长放心把孩子托付给你呢?

相应的,这时对老师责任心的要求也要适当放低,孩子水平高了,需要老师"残酷"一点,给孩子施加适当的压力,对于他的成长是有益的。适当的放手也可以给孩子更多的施展空间,启蒙老师在前期所占比重大约是七成,孩子占三成;到后面时,专业老师也许只占四成。对于有些好苗子,老师是非常省心的,稍微点拨一下就让孩子回家自己悟去了,过两天他就悟明白了,无须多言。

有些家长会问女老师可以吗?女老师会下棋吗?我个人认为女老师在水平上是完全没有问题的。有些家长片面地认为女老师在业务能力这块没男老师过硬,但是女老师可能更容易察觉到孩子细微的心理变化，细腻的情感也能更快地获得孩子的认同。只要具备我上面说的那些要素，不管是启蒙老师还是专业老师，没有男女之分。

15. 女孩适合学棋吗

　　我教过一些女孩下棋，实际上她们的家长有一个很大的痛点：都觉得学下棋的男孩多，女孩学棋会不会被孤立或格格不入。表面上看，女孩学下棋可能在前期阻力较大，因为性格相对偏感性，情绪波动会更细腻。

　　我观察很多女孩下棋时明显棋力强于实战，一般来讲，女孩在做题这方面会"碾压"男孩，但是在实战时给人的感觉就偏弱。很多时候是女孩给自己画了个圈，暗示自己不能出圈，出圈会危险，其实她在圈里也不一定安全，但是女孩自我保护意识比男孩更强，所以她实际上是放不开的。

　　女孩感性且敏感，有时候不愿意主动出击，这种心态有时候能获得意外的收获，大有"守株待兔"的意思，对方着急进攻就有可能自乱阵脚。但是这种情况大多发生于低水平对弈时，水平一旦提高，就像篮球一样会产生不可避免的对抗，这时候就会反映出有的女孩下棋凶悍泼辣，气势盖过很多男孩。女孩推敲细节较男孩更完善，细节决定成败，下棋也是这样，局部战局布置得比男孩好，但是进入实战后女孩自我保护意识很强，会刻意和对手保持一定距离，影响在宏观大局上的战略运营，这也是女孩需要转变的心态。

　　男孩相对女孩拥有更全视的大局观，但实际上细节做得不够好，就像打篮球，跑出空位但是投不进球，这是男孩的通病；女孩普遍细节做得好，但就是不敢迈出那一步。有的女孩下围棋很厉害，就是因为同时把握好了宏观和微观。女孩只要突破了瓶颈，不敢说"碾压"男孩，起码也是非常有竞争力的。

下棋也能反映一个人在生活或工作中的状态，往往下棋好的女孩，不管是在个人成长还是社会经历上都会体现出一股劲头，不输男孩。很多家长有过担忧，后来发现有些女孩能量还是很惊人的，只是缺少一个展现自我的平台和适当的引导。作为老师，如何开发、激发女孩的潜力成了重点科目。所以并不是说女孩适不适合下棋，而是我们应该思考如何塑造这个孩子并向好的方向迈进。

16. 孩子学棋需要参赛吗

下棋是有文化属性的竞技项目，既然是竞技，我觉得肯定要鼓励孩子参赛。具体来说，它有这样几个好处：第一，以赛代练。比如我小时候学棋，参加比赛跟平时下棋肯定是不一样的，就像模拟考试和中考、高考的区别。比赛是一局定胜负，所以在大赛中锻炼出来的心理素质和平时学棋、下棋时的心态是不一样的。如果孩子想在考试或下棋时发挥更稳定，就需要依靠大赛的磨炼。就像运动员参加奥运会一样，第一次参加容易发挥失常，但是久经沙场之后，发挥就会更稳定，因为他在不断完善对比赛各种细节的把控和应对大场面的压力调节。

在棋类官方比赛中有一个很有意思的现象，赢棋的孩子会一直在前面两台来回移动，而输的孩子大部分会一直在后面的台，两头是相对固定的，如果孩子赢得多，就会去前面的台比赛，总分越高越靠近前面，孩子会逐渐有荣誉感和自豪感。我记得我小时候参加比赛一直赢，就一直在第一台那里下，非常有自信心，目标也很明确——就是要去最前面的那几台，要靠自己努力走到那个位置。

这个过程对于孩子来讲很重要，他知道努力会有回报，每一盘棋都要独立解决问题。某一盘输了，还是要继续前进，只能自我调整，一共7轮比赛，整体是一个自我消化的过程，孩子要学会独立面对困难，尤其是在赛场上。

很多孩子在比赛时都需要鼓励，我经常看见小学员有尿裤子的，有哭的，有的手心都是汗，这个比赛的过程就是对孩子心智的磨炼，不管是家长还是老师都尽量给孩子鼓劲，让他相信自己可以做到，一般有过这种经历的孩子，心智成长的速度要比普通孩子快很多。

一般比赛现场人最密集的地方就是前几台，裁判长也会在这里徘徊，因为冠军肯定出自这几台，站在这几台的孩子，为了荣誉也好，为了争口气也罢，都铆足了劲头。我记得当年在南开大学比赛时，我第一轮是在4台之后，但是我盯紧前两台，内心莫名有种使命感，除了前两台其他的我都看不上。那次比赛后对我的棋艺、心态，乃至生活的方方面面都有一个正面的促进，所谓大场面造就大心脏。谁也不是天生强大，都是磨炼出来的。

参加比赛还能打开视野，很多孩子是"自我感觉良好"，都觉得自己有一定基础了，看谁都像手下败将。我记得当年我在省内可以说是"无敌手"了，心态就有点"飘"，谁曾想到哈尔滨参加全国大赛的时候，那些南方的小伙伴一个个都实力不俗，让我明白了"山外有山，人外有人"，下棋永远不要满足于现状，因为你不知道在哪个角落藏着"龙"，卧着"虎"。

当年全国比赛我有幸与现在中国象棋第一人王天一PK，王天一统治中国象棋已近10年，我记得那时候他就很厉害，与绝顶高手级的人物交过手，那种对弈时的心智磨炼对我的成长帮助很大，包括我后来参加大考时的心态调整得很平稳、放松，现在看许多问题也都格外地云淡风轻。

  对于读万卷书，我认为行万里路和上万次"战场"对学棋的孩子更有意义，在"战斗"中可以充分享受成功的喜悦和失败的反思。我面对之后大大小小的挑战时，相对于紧张，更多的是兴奋，充分享受整个过程，这大大小小几十场比赛，从市、省级，到全国大赛，包括南开大学的那次大赛，没有经历过"战斗"的孩子是无法积淀出这种心态的。

17. 孩子可以几种棋一起学吗

当然可以同时学，家长非常关注这个问题。一般孩子学围棋、象棋或国际象棋中的任意一种，其他两种他也会很容易产生兴趣，因为它们都是博弈策略游戏。据我观察，很少说一个孩子喜欢围棋而不喜欢象棋，这就会涉及一个问题：几种棋能一起学吗？怎么分配呢？

有些孩子学习两种棋或三种棋，家长就会担心孩子会不会学乱了，这个大可放心，这三种棋的规则不一样，不用担心"串台"，反而它们的底层逻辑是相通的，学习方法相近，都是从定式到策略，再到实战，所以你会发现它们是有互补性的。比如孩子先学象棋，再学围棋或国际象棋就会比没有棋类基础的孩子学得快。

同时，这三大棋中也蕴藏着深奥的逻辑体系，围棋可以培养经济学思维，而象棋可以培养管理学思维，孩子学完这两种棋后能同时具备这两种思维模式。有些孩子会对管理学思维产生兴趣，有些会对经济学思维感兴趣，就会有所专攻，这在孩子同时学几种棋一段时间后可以很明显地分辨出来，孩子对哪个更感兴趣、更有天赋，就朝着那个方向使劲。

我的父亲非常热爱象棋，所以我也耳濡目染对象棋产生了兴趣，后来通过比赛在围棋上也有了一定成就，但是相对的精力还是侧重象棋多一些。我不建议家长一上来就花钱让孩子学好几种棋，子夏曰："仕而优则学，学而优则仕。"如何更高效地让孩子学习才是家长需要重点思考的问题，要追求1+1＞2。

18. 学棋需要日常练习吗

日常练习是必要的，但也不是漫无目的地疯狂刷题，其实跟学习一样，刷题有用吗？确实有用，但是效率不见得有多高。学棋主要有做题和对战这两个环节，在做题时能找到自己的问题，然后去补足，效率就会很高。所以现在人工智能会根据平时上课的表现，分析出孩子哪些方向相对来说比较薄弱，然后专攻哪些题让孩子去做，这是一个有针对性的训练。相对于过去我们机械性地大量做题，这种现代化的方式效率就高多了。

在对战阶段，对局数量并不能反映对局质量，所以质量比数量更重要，质量是什么？孩子下一盘棋，慢慢下，有可能30分钟才下完；或者下得快，30分钟下了4盘棋，但是这4盘棋没有经过大脑的反复推敲，质量并不高。孩子不紧不慢地下完一盘棋，看似耗费了更多的时间，实际上他可以系统地总结其中的问题，优化步骤，进行一个完整的复盘训练，再搭配老师的辅导，质量是非常高的。

另外，平时下棋的习惯也很重要，比如孩子长时间下随手棋，就会养成一个前面我提到的惰性思维，这不是一个好的习惯。这时候老师要有一个宏观上的把控，包括什么时候做题，什么时候该实战，在数量和质量上如何把控等，都是从各个方面让孩子养成好习惯。

不管是老师还是家长，有一个需要特别注意把控的事就是孩子学棋的时间不要太早，尤其是象棋和国际象棋。围棋相对来说要好一些，因为前期可以下九路的小棋盘。围棋官方的十九路棋盘对孩子来讲可以用浩瀚大海来形容了，很可能"晕船"对孩子造成不适，所以围棋前期更容易培养乐趣，因为它有"迷你版"。

象棋和国际象棋就像识字前要把汉语拼音学好一样，有的老师或家长没有打实基础就着急带着孩子去下棋，但是孩子对全局的把握能力还远远不够，一艘"小船"都没开顺手，就让他去指挥"航母"，结果可想而知。所以这时老师要做好把控，什么时间该做什么，达到一个什么样的目标，给孩子带来多大帮助，这些都是老师需要思考的。篮球运动员，比如乔丹、詹姆斯，体脂率非常低，这就是一个行业标杆、一个目标，下棋来说没有这么细致的数据标准，但是明显也要有一个阶段性的节奏和规划。

苏炳添在2021年东京奥运会上能创造九秒八三的好成绩，依靠的就是科学训练，有些时候人到达一个瓶颈期，单纯的技术层面已经无法突破了，就看训练方法是不是足够科学。下棋也是一样，老师有时只是进行一个规划、一个把控，而并不是教孩子这步棋该怎么下，下一步棋该怎么走。

我们研发的教材已经投入线上，课件全部上传到我们的App，包括预习、作业、对战棋谱，线上模拟对战棋盘更方便孩子日常练习。现在让孩子踏实坐那看棋书确实不太容易了，他更容易接受电子产品，我发现孩子在 App 上每一期的作业普遍都很积极地去完成。当然孩子在线上学完，家长可以和孩子摆一摆棋，下一下，这些都要比看棋书更有效。

19.AI 对孩子学棋有帮助吗

前段时间有个 5 岁的孩子上央视节目挑战下盲棋,他不用看棋盘,只报术语,这就是把整盘棋都刻在脑海里了。我当时就觉得很了不起,这种硬功夫只能在艰苦的条件下磨炼。

现在科技水平这么发达,想调出我 5 年前下的棋,在 AI 里一搜索就出来了,所以 AI 是把双刃剑,之前棋手都靠强大的记忆力,像上面这位"神童"一样心中有棋,现在孩子借助 AI,可能硬功夫这块就会稍逊一筹,但总体来说科技进步还是提升了很多事的效率。

正常来讲,棋类的 AI 都是一个对应的功能。2016 年,19 岁的柯洁正值巅峰期,却完败于阿尔法狗。我们那时候都觉得他下棋已经达到人类的极致了,包括后来李世石与阿尔法狗下棋,结果以 1∶4 告负,他是目前唯一赢阿尔法狗一盘棋的人,他的风格就是前文提到的胜负师,棋风凶狠,最后赢了两步险胜。

围棋以高级智力竞技著称,阿尔法狗围棋挑战这个事件成为吸引大量孩子"入坑"的契机之一。现在世界围棋顶级高手对 AI 的研究已经非常成熟了,大家都戏称他们是"AI 附体",因为他们下棋与 AI 的吻合度非常高,已经从"拥抱 AI"进化到"融合 AI"了。

所以从学棋的角度来说,棋类 AI 作为一个智力评价工具还是很靠谱的，但是现在问题在于它太高端，相对于学棋的孩子来说，如何调整它的适配程度就很重要了，我们也在深入探讨这个事情。

学棋的本质还是孩子在这个过程当中锻炼的能力和素质。之前我看有个话题比较火，说人类都下不过 AI 了，孩子学棋还有意义吗？我认为如果把学棋的目的设定为触摸巅峰，它的格调就狭隘了，家长也不会让孩子学了，因为不论怎么学也下不过 AI。但是实际上学棋的目的是让孩子在坚持的过程中获得综合能力的提升，这对于孩子来讲更重要。

爱因斯坦提到过下棋的高度思考和战略规划激发了他对数学和物理学的兴趣。杰夫·贝佐斯也说过一句比较有名的话：如果你把眼光放在当下，会发现和你竞争的人有很多，难度很大；而把眼光放在未来时，会发现和你同台竞争的人很少。下棋就是以未来的视角规划当下，然后不断地通过逻辑推演去解决问题。巴菲特的好友查理·芒格从投资学的角度讲道：不要相信眼见为实，而要相信逻辑的力量。下棋就是从逻辑中找到原理，从逻辑出发探索真理。如果家长担心孩子是否下得赢 AI，那么学棋这件事的必要性就确实很小了；但是从底层逻辑的建立、思维的开发、拓宽视野来说，下棋对孩子人生成长的帮助无法计量。

AI 不是完全生硬的算法，它在有些时候也可以提供一些打破常规的思路，启发孩子的创造性。AI 刚普及的时候，它下的棋看起来不对，但是能赢，实际上就是打破了人们原有的常规思路。

弈小象象棋课程体系

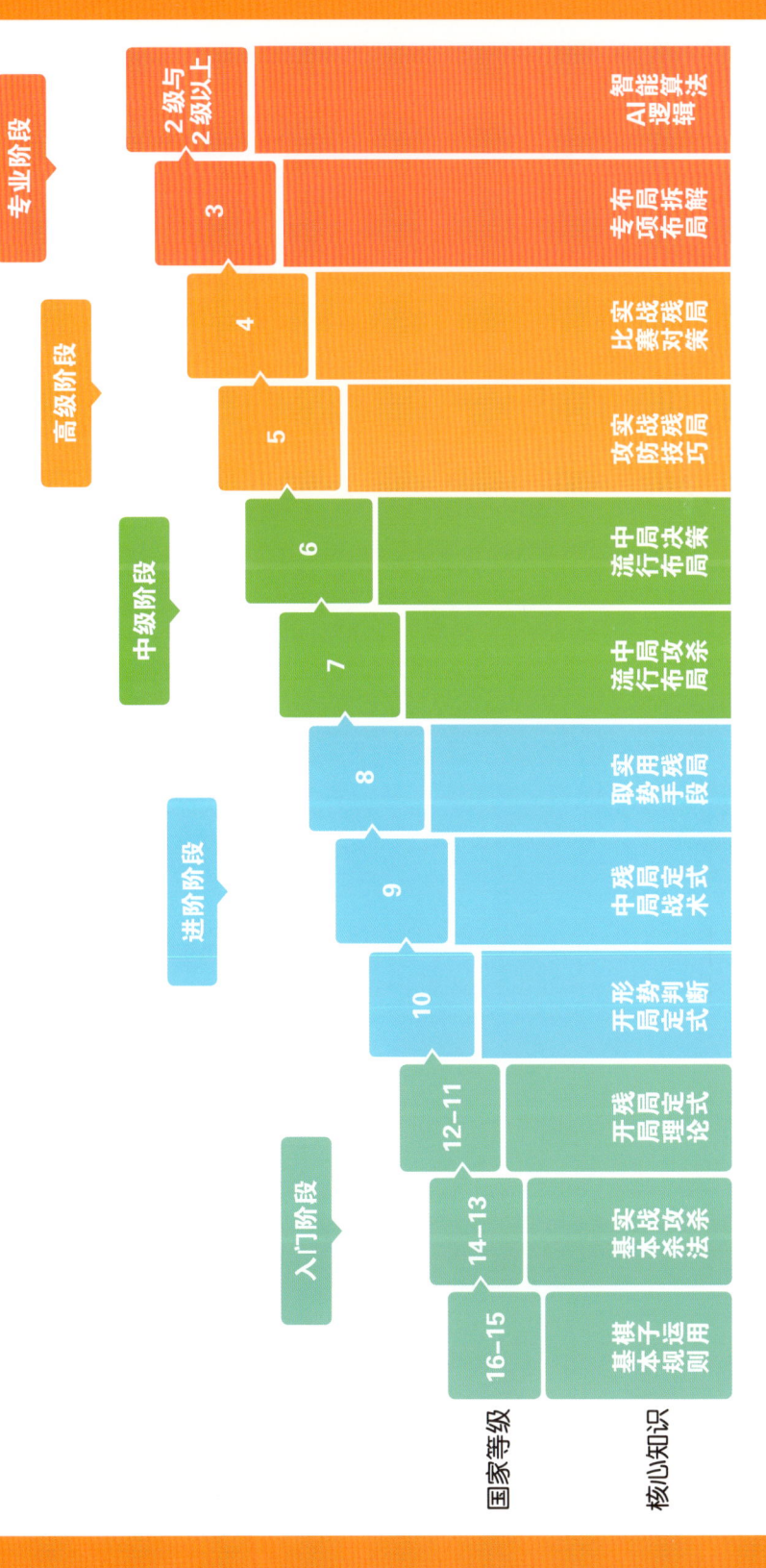

国家等级	核心知识	阶段
16–15	基本棋子规则运用	入门阶段
14–13	基本杀法实战攻杀	入门阶段
12–11	开局定式残局理论	入门阶段
10	开局定式形势判断	进阶阶段
9	中残局战术定式	进阶阶段
8	实用残局取势手段	进阶阶段
7	流行布局中局攻杀	中级阶段
6	流行布局中局决策	中级阶段
5	实战残局攻防技巧	高级阶段
4	实战残局比赛对策	高级阶段
3	专项布局布局拆解	专业阶段
2级与2级以上	AI逻辑智能算法	专业阶段

弈小象国际象棋教学成长体系

成长阶段	启蒙阶段	入门阶段	进阶阶段	初级阶段	中级阶段	中高级阶段	高级阶段	大师阶段
核心知识	六种棋子的吃法走法 棋子配合及单一步计算	常见战术及吃子计算 棋子配合及两步计算	运用棋子组织杀王 各类残局实战技巧	局面分析及子力调动 开局原则及种类	局面分析及子力调动 开局原则及种类	战术组合的发现与制造 王翼进攻的开展	后翼进攻的开展 中心的争夺与应用	子力价值的发挥 布局方式
单元模块	基础知识 简单杀法	基本战术 进阶杀王	残局杀王 基础残局	中局技巧 开局技巧	进阶残局 复杂杀王	战术组合 进阶中局 之改兵手段	进阶中局 之进攻后翼 进阶中局之中心	进阶中局之子力 进阶开局技巧
教学目标	激发兴趣 杀王意识 规则意识 棋子配合	洞察能力 分析能力 计算能力 应对能力	组织能力 技巧运用能力 执行能力 局面分析能力	复杂局面分析 规划能力 复杂局面处理 布局能力	把控能力 空间想象能力 执行及规划能力 预测变化的能力	战术模仿能力 发现机会的能力 变化计算能力 机会制造的能力	迂回能力 局面控制 调动能力 精算能力	价值应用 预测能力 管理能力 策略能力
国内 棋协等级	15级 – 14级	13级 – 12级	11级 – 10级	9级 – 8级	7级 – 6级	5级 – 4级	3级 – 2级	1级 – 棋协大师
国际等级分	400 – 500	500 – 600	600 – 800	800 – 1000	1000 – 1200	1200 – 1400	1400 – 1600	1600 – 1800

弈小象围棋课程体系

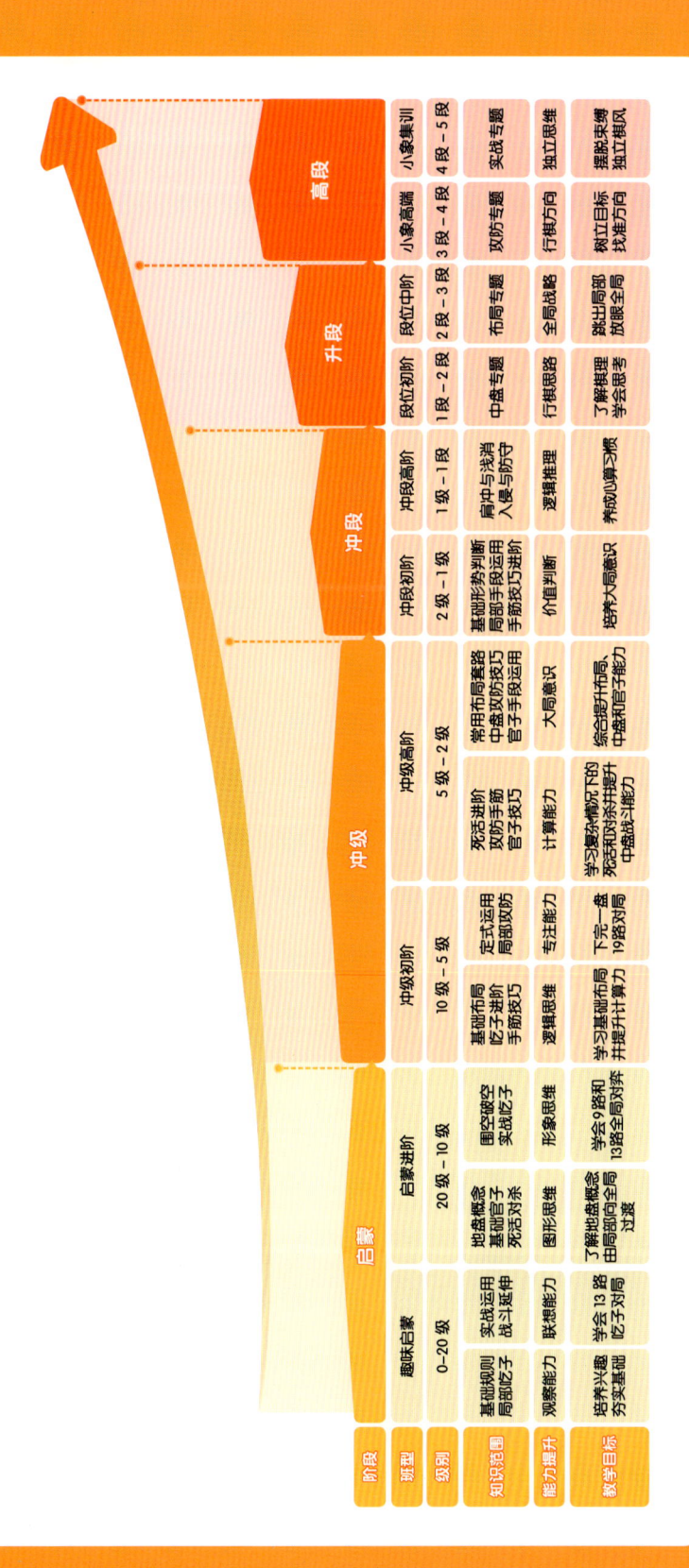

阶段	启蒙	启蒙	冲级	冲级	冲级	冲段	冲段	升段	升段	高段	高段
班型	趣味启蒙	启蒙进阶	冲级初阶	冲级高阶	冲段初阶	冲段高阶	段位初阶	段位中阶	小象高端	小象集训
级别	0–20级	20级–10级	10级–5级	5级–2级	2级–1级	1级–1段	1段–2段	2段–3段	3段–4段	4段–5段
知识范围	基础规则 局部吃子	围空破空 实战吃子	基础布局 吃子进阶 手筋技巧	死活进阶 攻防技筋 官子技巧	常用布局套路 中盘攻防技巧 官子手段运用	基础形势判断 局部手段运用 手筋技巧进阶	肩冲与浅消 入侵与防守	中盘专题	布局专题	攻防专题	实战专题
能力提升	观察能力	联想能力	图形思维	逻辑思维	计算能力	大局意识	价值判断	逻辑推理	行棋思路	全局战略	行棋方向	独立思维
教学目标	培养兴趣 夯实基础	学会9路和13路全局对弈 由局部向全局过渡	学习基础布局 并提升计算力	下完一盘 19路对局	学习复杂情况下的死活和杀并提升中盘战斗能力	综合提升布局、中盘和官子能力	利用心算之魂	了解棋理 学会思考	跳出局部 放眼全局	树立目标 找准方向	摆脱束缚 独立棋风